Silver Burdett Ginn
Matemáticas

¡EL CAMINO AL ÉXITO MATEMÁTICO!

D1307583

Silver Burdett Ginn
Parsippany, NJ

Atlanta, GA • Deerfield, IL • Irving, TX • Needham, MA • Upland, CA

Autores del programa

Francis (Skip) Fennell, Ph.D.
Professor of Education and Chair, Education Department

Western Maryland College
Westminster, Maryland

Joan Ferrini-Mundy, Ph.D.
Professor of Mathematics

University of New Hampshire
Durham, New Hampshire

Herbert P. Ginsburg, Ph.D.
Professor of Psychology and Mathematics Education

Teachers College, Columbia University
New York, New York

Carole Greenes, Ed.D.
Professor of Mathematics Education and Associate Dean,
 School of Education

Boston University
Boston, Massachusetts

Stuart J. Murphy
Visual Learning Specialist

Evanston, Illinois

William Tate, Ph.D.
Associate Professor of Mathematics Education

University of Wisconsin-Madison
Madison, Wisconsin

ISBN 0-382-37543-2

1 2 3 4 5 6 7 8 9 10 GB 05 04 03 02 01 00 99 98

Autores del programa

Mary Behr Altieri, M.S.
Mathematics Teacher
1993 Presidential Awardee
Lakeland Central School District
Shrub Oak, New York

Jennie Bennett, Ed.D.
Instructional Mathematics Supervisor
Houston Independent School District
Houston, Texas

Charles Calhoun, Ph.D.
Associate Professor of Elementary
  Education (Mathematics)
University of Alabama at Birmingham
Birmingham, Alabama

Lucille Croom, Ph.D.
Professor of Mathematics
Hunter College of the City University
  of New York
New York, New York

Robert A. Laing, Ph.D.
Professor of Mathematics Education
Western Michigan University
Kalamazoo, Michigan

Kay B. Sammons, M.S.
Supervisor of Elementary Mathematics
Howard County Public Schools
Ellicott City, Maryland

Marian Small, Ed.D.
Professor of Mathematics Education
University of New Brunswick
Fredericton, New Brunswick, Canada

Coautores

Stephen Krulik, Ed.D.
Professor of Mathematics Education
Temple University
Philadelphia, Pennsylvania

Donna J. Long
Mathematics/Title 1 Coordinator
Metropolitan School District of
  Wayne Township
Indianapolis, Indiana

Jesse A. Rudnick, Ed.D.
Professor Emeritus of Mathematics
  Education
Temple University
Philadelphia, Pennsylvania

Clementine Sherman
Director, USI Math and Science
Dade County Public Schools
Miami, Florida

Bruce R. Vogeli, Ph.D.
Clifford Brewster Upton Professor of
  Mathematics
Teachers College, Columbia University
New York, New York

Silver Burdett Ginn
A Division of Simon & Schuster
299 Jefferson Road, P.O. Box 480
Parsippany, NJ 07054-0480

Contenido

Capítulo 1

Separar y clasificar

Tema del capítulo: Soy un niño de kinder

Arriba, en medio, abajo A3

Encima, debajo, por encima A5

Dentro, fuera A7

Izquierda, derecha. A9

Igual, diferente. A11

Estrategia para resolver problemas:
Usa el razonamiento lógico A13

—————— *Recursos del capítulo* ——————

Nota a la familia. A2

Prueba del capítulo A15

Enriquecimiento:
Usar el razonamiento lógico A16

Capítulo 2

Explorar patrones

Tema del capítulo: Soy espía de la naturaleza

Patrones de colores B3

Patrones de formas. B5

Patrones de tamaños B7

Estrategia para resolver problemas:
Estima y comprueba. B9

Trasladar patrones B11

Crear patrones. B13

—————— *Recursos del capítulo* ——————

Nota a la familia. B2

Prueba del capítulo. B15

Enriquecimiento:
Usar parones para predecir B16

Capítulo 3

Explorar los números hasta el 5

Tema del capítulo: Soy un buen amigo

Más y menos C3

1 y 2 . . . . C5

3 y 4 . . . . C7

5 y 0 . . . . C9

Números ordinales hasta el quinto. . . C11

Estrategia de resolver problemas:
Gráfica de dibujos. C13

——— *Recursos del capítulo* ———

Nota a la familia. C2

Prueba del capítulo C15

Enriquecimiento:
Explorar patrones de números C16

Capítulo 4

Figuras compartidas

Tema del capítulo: Soy un artista

Cuadrado y círculo D3

Rectángulo y triángulo D5

Explorar partes iguales. D7

Estrategia de resolver problemas:
Represéntalo D9

Figuras planas y figuras sólidas D11

Gráficas D13

——— *Recursos del capítulo* ———

Nota a la familia. D2

Prueba del capítulo D15

Enriquecimiento:
Partes iguales de un grupo D16

Capítulo 5

Explorar los números hasta el 10

Tema del capítulo: Soy cocinero

6 y 7 . . . . E3

8, 9 y 10 . . . . E5

Combinaciones de números E7

Comparar números E9

Números ordinales hasta el décimo . . . E11

Estrategia para resolver problemas:
Haz una tabla E13

————— *Recursos del capítulo* —————

Nota a la familia E2

Prueba del capítulo E15

Enriquecimiento:
La hora de la tecnología E16

Capítulo 6

Medidas

Tema del capítulo: Soy constructora

Ordenar según la longitud F3

Medir longitudes F5

Estrategia para resolver problemas:
Estima y comprueba F7

Ordenar según el peso F9

Ordenar según la capacidad F11

Gráficas de barras F13

————— *Recursos del capítulo* —————

Nota a la familia F2

Prueba del capítulo F15

Enriquecimiento:
Medir temperaturas F16

Capítulo 7

Tiempo y dinero

Tema del capítulo: Soy empleado de correos

Estrategia para resolver problemas:
Usa el razonamiento lógico G3

Decir la hora con un reloj
de manecillas G5

Decir la hora con un reloj digital G7

Monedas de un centavo G9

Monedas de cinco centavos G11

Monedas de diez centavos G13

—————— *Recursos del capítulo* ——————

Nota a la familia G2

Prueba del capítulo G15

Enriquecimiento:
Monedas de veinticinco centavos . . . G16

Capítulo 8

Explorar números mayores

Tema del capítulo: Soy maestra

Aprender los números del 11 al 20 . . . . H3

Del 11 al 15 . . . . H5

Del 16 al 20 . . . . H7

Comparar números hasta el 20 . . . . . . H9

Ordenar números hasta el 20 . . . . H11

Estrategia para resolver problemas:
Busca un patrón H13

—————— *Recursos del capítulo* ——————

Nota a la familia H2

Prueba del capítulo H15

Enriquecimiento:
Explorar marcas de conteo H16

Capítulo 9

Explorar la suma

Tema del capítulo: Soy un cuentacuentos

Estrategia de resolver problemas:
Haz un dibujo. I3

Usar el signo más I5

Resolver sumas. I7

Oraciones de suma. I9

Sumas verticales. I11

Sumar dinero I13

——— *Recursos del capítulo* ———

Nota a la familia. I2

Prueba del capítulo I15

Enriquecimiento:
La hora de la tecnología I16

Capítulo 10

Explorar la resta

Tema del capítulo: Soy granjera

Estrategia de resolver problemas:
Represéntalo J3

Usar el signo menos J5

Resolver restas J7

Oraciones de resta J9

Restas verticales. J11

Restar dinero J13

——— *Recursos del capítulo* ———

Nota a la familia. J2

Prueba del capítulo. J15

Enriquecimiento:
Escoger la operación J16

Soy un
niño de kinder

Nota a la familia

**En las próximas semanas su niño
clasificará diversos objetos según su
posición, color, forma y tamaño.
He aquí algunas ideas que
pueden compartir.**

Actividades para el hogar

- Pida a su niño que ponga un juguete en diferentes lugares,
  por ejemplo:
  - dentro de un cajón
  - fuera de un canasto para ropa
  - a la izquierda de una planta
  - a la derecha de una mesa
  - en el estante de arriba, de en medio o de abajo
- Clasifiquen juntos juguetes o ropa. Clasifiquen los objetos
  de acuerdo a su color, tamaño y forma.
- Junte tres calcetines y una camisa. Pida a su niño que señale
  el objeto que no forma parte del grupo. El niño debe explicar
  por qué la camisa es diferente a los calcetines.

¡Con más detalles!

Si les interesa leer más sobre clasificación, consulte estos
libros en la biblioteca más cercana.

- *Barcos, barcos, barcos* por Joanna Ruané (Childrens Press, 1990)
- *Arriba y abajo* por Catherine Matthias (Childrens Press, 1989)
- *Primeras imágenes—Grupos* por Olga Colella (Editorial
  Sigmar, 1994)

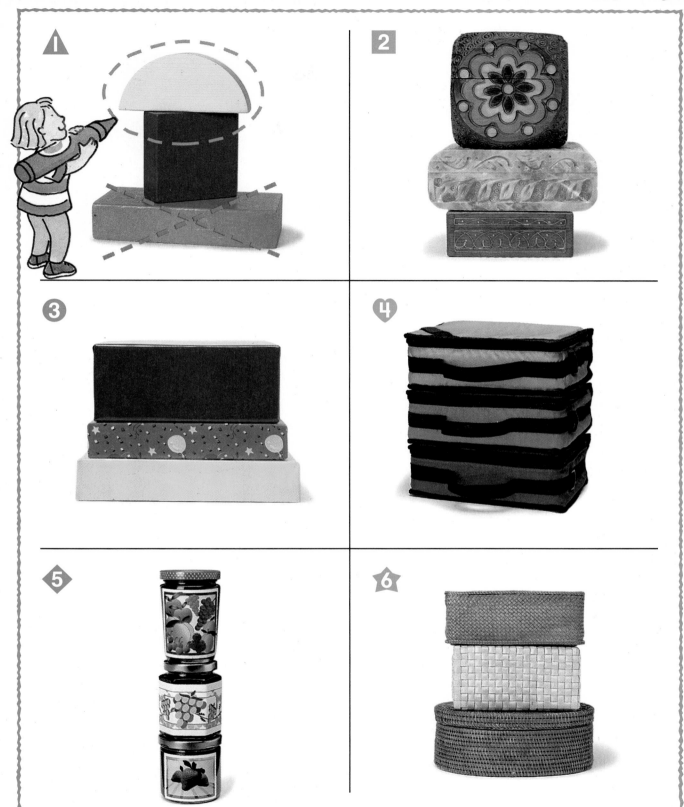

Instrucciones Pida a los niños que encierren en un círculo los objetos que están arriba y tachen los que están abajo.

Conexión con el hogar Haga una pila con tres libros o cajas y pida a su niño que identifique los objetos que están arriba, en medio y abajo.

2

3

4

5

6

JUEGO DE CLASIFICAR

Juego de separar

Fuera Dentro

7

8

Instrucciones Pida a los niños que encierren en un círculo los objetos que están en medio y que marquen con una X los que están abajo.

Nombre _____

Encima, debajo, por encima

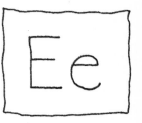

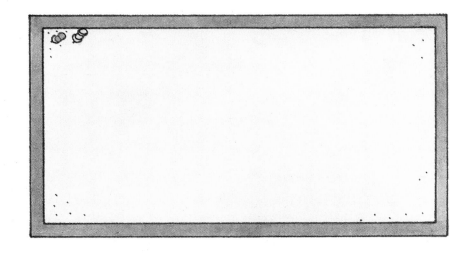

Instrucciones Pida a los niños que recorten los dibujos y peguen uno encima de la mesa, otro por encima de la mesa y otro debajo de la mesa.

Conexión con el hogar
Pida a su niño que busque algunas cosas de la casa que estén encima o debajo de otras.

A5

E e

Instrucciones Pida a los niños que peguen uno de los dibujos encima del estante, otro por encima del estante y otro en el suelo, debajo del estante.

A6

ACTIVIDAD EN INTERNET
www.sbgmath.com

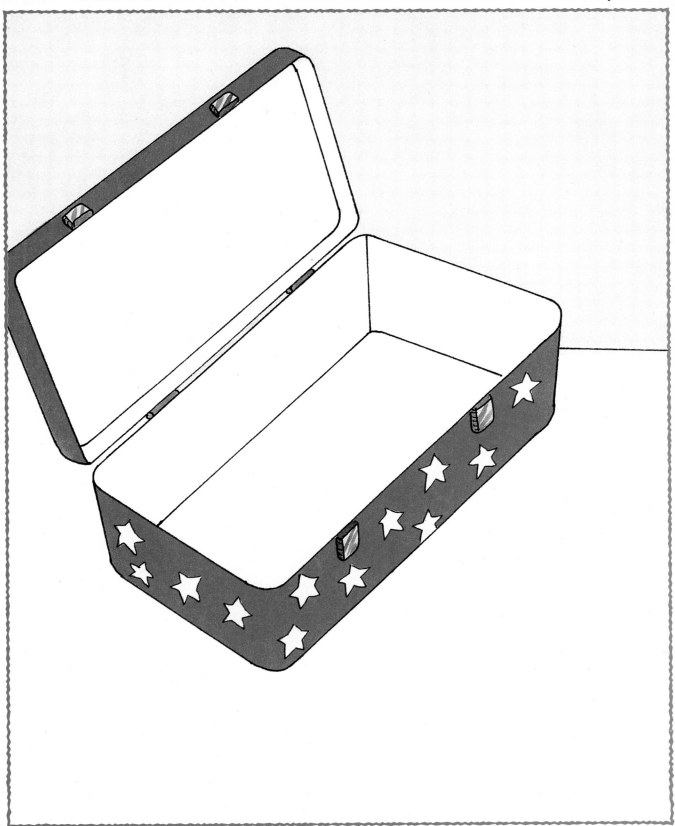

Instrucciones Pida a los niños que dibujen
algunos comestibles dentro y fuera de la lonchera.

Conexión con el hogar Pida a
su niño que reúna algunas cosas y que
las ponga dentro de un envase o de
una caja. Luego, dígale que coloque
las cosas fuera del envase.

Instrucciones Pida a los niños que dibujen algunos juguetes dentro y fuera de la caja de arena. Luego, dígales que encierren en un círculo los objetos que están fuera de la caja de arena.

A8

Izquierda

Derecha

Instrucciones Pida a los niños que pongan fichas rojas en la columna de la izquierda y fichas azules en la columna de la derecha. Luego, díganles que escriban el número de fichas que hay en cada columna.

Conexión con el hogar Pida a su niño que le ayude a separar la ropa en dos pilas. Dígale que ponga las camisas en una pila a la izquierda y los pantalones en otra pila a la derecha.

Izquierda   Derecha

Instrucciones Pida a los niños que identifiquen los objetos a la izquierda y a la derecha en este parque. Luego, dígales que dibujen un niño a la izquierda y un pájaro a la derecha.

A10

Instrucciones Pida a los niños que encierren
en un círculo los dos objetos iguales en cada hilera.

 Conexión con el hogar Cuando
vaya con su niño a una tienda de abarrotes,
pídale que señale dos objetos iguales y un
tercer objeto diferente a los otros dos.

A11

Instrucciones Pida a los niños que encierren en un círculo
el objeto que es diferente a los demás en cada hilera.

A12

Nombre_____ **Usa el razonamiento lógico**

1

2

3

4

Instrucciones Pida a los niños que marquen con una X el objeto que no forma parte de cada grupo.

 Conexión con el hogar Junte varios calcetines y una camisa. Pregunte a su niño: "¿Qué objeto no es de este grupo? ¿Por qué?"

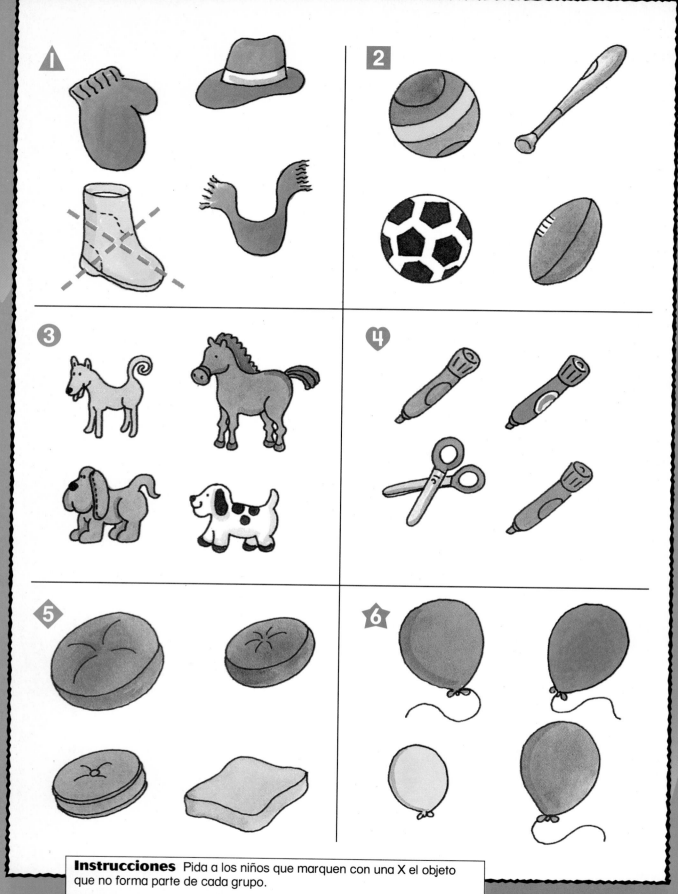

Instrucciones Pida a los niños que marquen con una X el objeto que no forma parte de cada grupo.

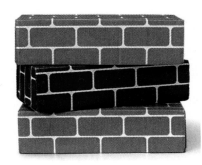

  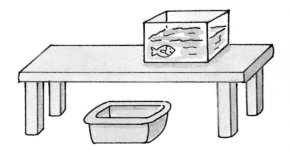

  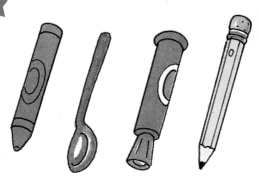

Instrucciones Pida a los niños que encierren en un círculo: **1.** el objeto que está en medio; **2.** el objeto que está debajo de la mesa; **3.** la persona que está fuera del edificio; **4.** la persona que está a la izquierda; **5.** el perro que es diferente; **6.** el objeto que no forma parte del grupo.

Instrucciones Pida a los niños que terminen el dibujo. Dígales que busquen pistas en la ilustración para completar el dibujo.

Ch. 1 0-382-37277-8

CAPÍTULO 2

Explorar patrones

Soy espía de la naturaleza

Nota a la familia

**En las próximas semanas su niño
aprenderá algo sobre patrones.
He aquí algunas ideas que
pueden compartir.**

 ## Actividades para el hogar

- Dé un paseo con su niño por los alrededores y junten varias cosas
como semillas, hojas, caracoles, varitas o piedrecitas. Después, pídale
que pegue estas cosas en una hoja de papel o en un pedazo de tela
formando un patrón que se repita. Por ejemplo: varita, hoja, varita,
hoja, varita, hoja.

- Si es posible, reúnan hojas de varios colores. Anime a su niño
a formar otro patrón alternando los colores. Por ejemplo: rojo,
rojo, amarillo; rojo, rojo, amarillo. Esto también puede hacerse con
botones o palillos.

- Hagan un patrón rítmico con chasquidos de los dedos y aplausos.
Denle un significado especial como, "Hora de lavarse las manos
para merendar."

 ## ¡Con más detalles!

Si desean leer más sobre patrones, consulte estos libros en la biblioteca
más cercana.

- *Mi primer libro de tamaños* por Toni Rann (Susaeta, 1990)
- *A sembrar sopa de verduras* por Lois Ehlert (Harcourt Brace &
Company, 1996)
- *Un cuento curioso de colores* por Joanne y David Wylie
(Childrens Press, 1984)

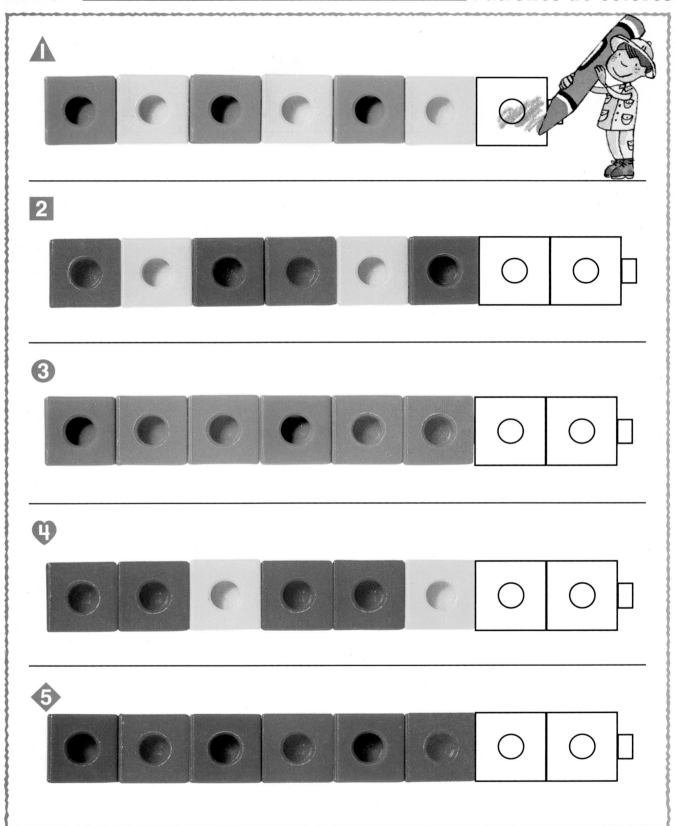

Instrucciones Pida a los niños que coloreen los cubos de construcción para continuar cada patrón de colores.

 Conexión con el hogar Reúna objetos pequeños de dos colores como botones azules y botones rojos, y pida a su niño que forme un patrón repetido.

B3

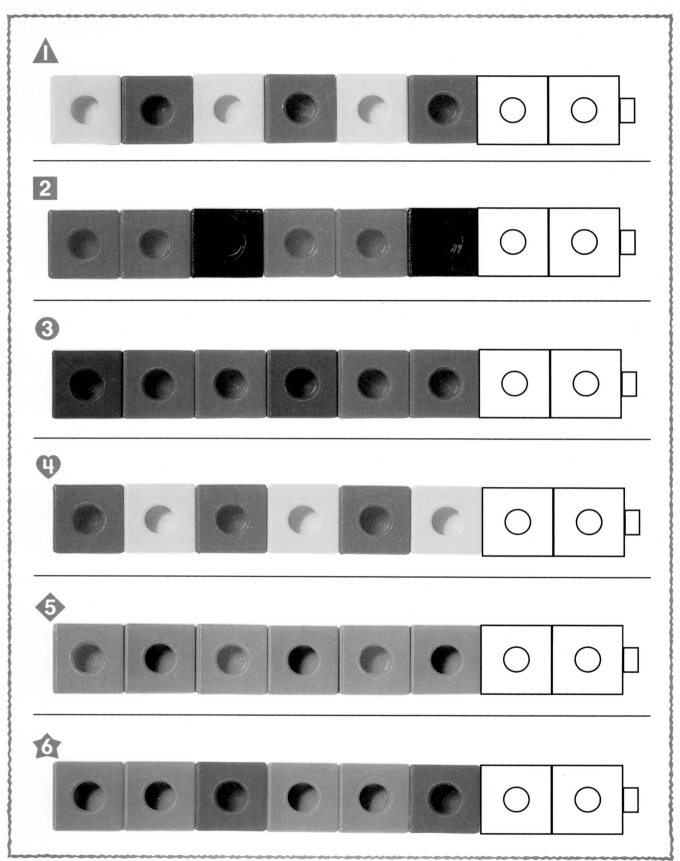

Instrucciones Pida a los niños que coloreen los cubos de construcción para continuar cada patrón de colores.

B4

Nombre _____

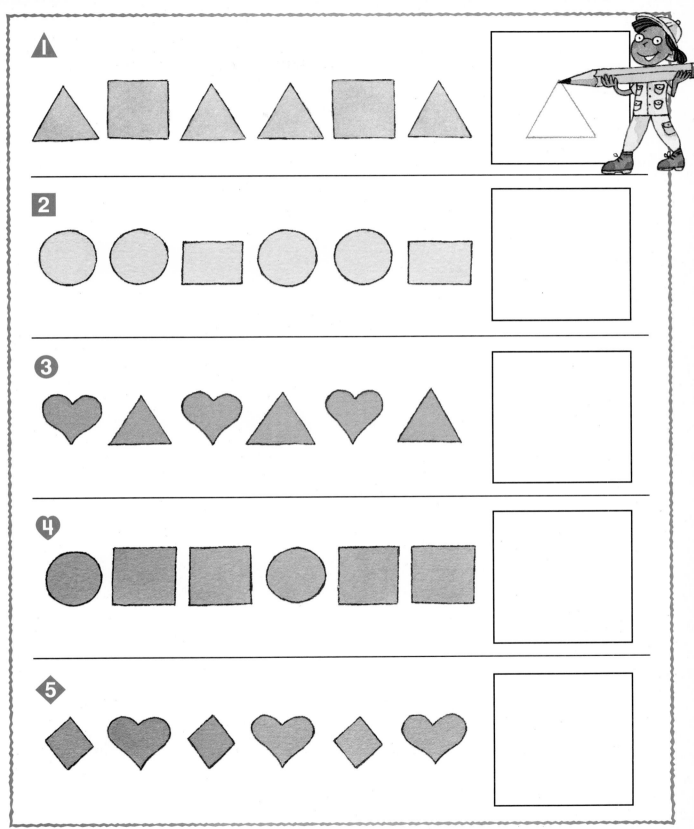

Instrucciones Pida a los niños que dibujen la forma que falta para continuar cada patrón.

 Conexión con el hogar Anime a su niño a que haga un collar con trocitos de dos tipos de macarrones.

1

2

3

4

Instrucciones Pida a los niños que continúen el patrón de formas haciendo una línea desde la última figura hasta la figura que le sigue en el patrón.

1

2

3

4

5

Instrucciones Pida a los niños que dibujen la forma que falta para completar cada patrón.

Conexión con el hogar Junte algunos calcetines grandes y pequeños. Pida a su niño que forme con ellos un patrón según el tamaño.

1

2

3

4

5

Instrucciones Pida a los niños que continúen el patrón de tamaños haciendo una línea desde la última figura hasta la figura que le sigue en el patrón.

ACTIVIDAD EN INTERNET
www.sbgmath.com

Nombre_____

1

2

3

4

5

Instrucciones Pida a los niños que, por turnos, cubran con un dedo cualquiera de las cuentas y pregunten a un compañero cuál es la cuenta que está tapada. Después, diga al niño que levante el dedo para comprobar.

 Conexión con el hogar Dé a su niño un hilo y varias cuentas o botones para que enhebre un patrón repetido.

1

2

3

4

5

6

Instrucciones Pida a los niños que, por turnos, cubran con un dedo cualquiera de las cuentas y pregunten a un compañero cuál es la cuenta que está tapada. Luego, diga al niño que levante el dedo para comprobar.

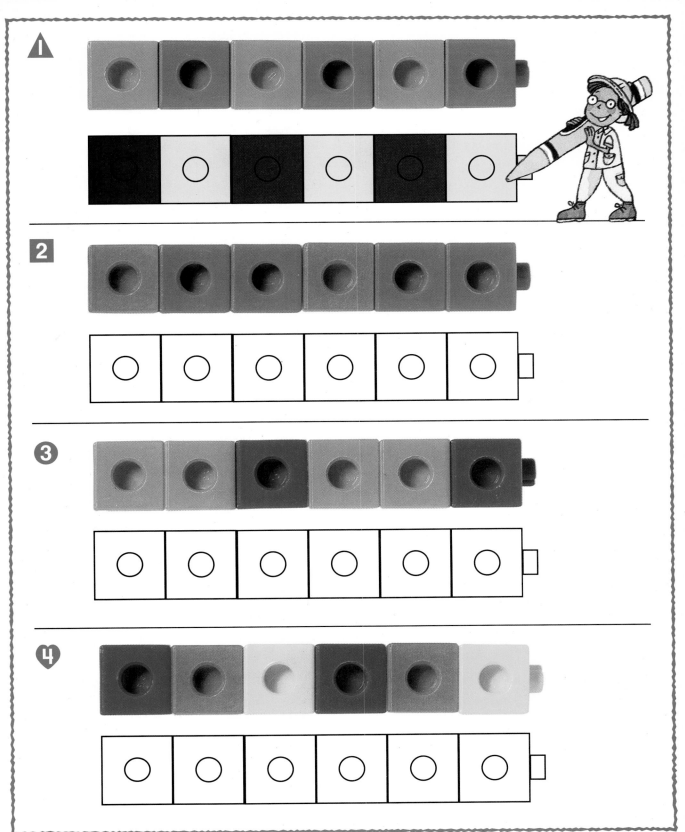

Instrucciones Pida a los niños que usen bloques de construcción para representar cada patrón. Dígales que coloreen los cubos usando el mismo patrón con diferentes colores.

Conexión con el hogar Pida a su niño que muestre cualquiera de los patrones anteriores con dos tipos de trocitos de macarrones.

1

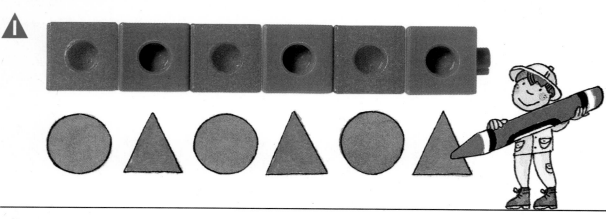

2

3

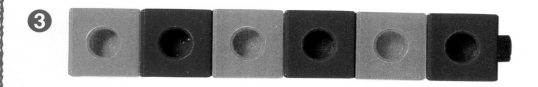

4

Instrucciones Pida a los niños que dibujen formas o cosas que muestren cada patrón.

B12

⚠

2

③

Instrucciones Pida a los niños que inventen y dibujen varios patrones con los dibujos de esta página.

 Conexión con el hogar Pida a su niño que forme un patrón con botones, hojuelas de cereal, semillas secas y otras cosas que encuentre en casa.

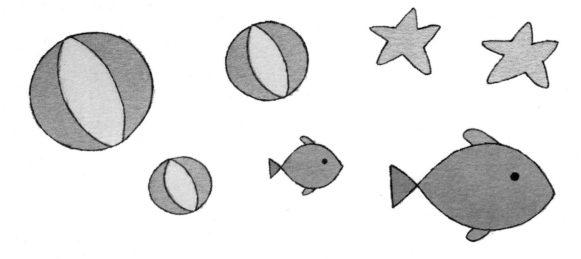

1

2

3

Instrucciones Pida a los niños que inventen y dibujen varios patrones con los dibujos de esta página.

Nombre _____

1

2

3

4

5

2

3

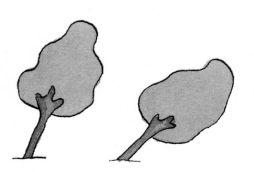
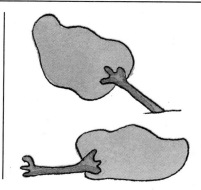

4

Instrucciones Pida a los niños que miren cada hilera de figuras y encierren en un círculo la figura que sigue en el patrón.

Soy un buen amigo

Nota a la familia

En las próximas semanas su niño aprenderá los números hasta el 5. He aquí algunas ideas que pueden compartir.

Actividades para el hogar

- La próxima vez que vaya a la tienda con su niño, anímelo a que señale y mencione los números que pueda identificar en los letreros, en las placas de autos, en las casas, etcétera.

- La próxima vez que esté con su niño en un estacionamiento, pídale que diga cuántos automóviles azules (o de cualquier color) puede ver. Anímelo a contar en voz alta.

- Cuando la familia esté a punto de terminar de comer, pida a su niño que diga quién tiene más de algo en el plato (chícharos, por ejemplo) y quién tiene menos.

- Sugiérale que organice una fiesta para sus juguetes favoritos. Anímelo a que use números y a que cuente. Puede contar los lugares a la mesa o los platos preparados. También puede pedirle que ponga cinco de sus juguetes en hilera para identificar el primero, segundo, tercero, cuarto y quinto.

¡Con más detalle!

Si desean leer más sobre los números hasta el 5, consulte estos libros en la biblioteca meas cercana

- *¿Qué viene de a 2, de a 3 y de a 4?* por Suzanne Aker (Scholastic, 1995)

- *Los cinco patitos,* adaptado por Diego Lasconi y Guillermo Gutiérrez (Ediciones Norte-Sur, 1997)

- *El murciélago Aurelio* por Antonio Rubio (Ediciones SM, 1994)

Nombre _____ **Más y menos**

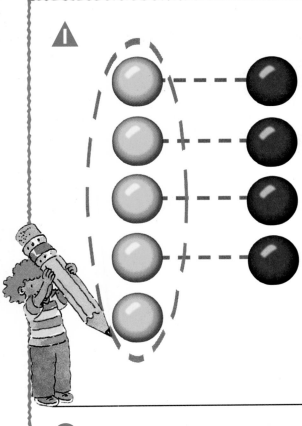

Instrucciones Pida a los niños que hagan una línea desde cada canica de un grupo hasta otra canica del otro grupo. Después, dígales que encierren en un círculo el grupo con más canicas.

 Conexión con el hogar Pida a su niño que señale los grupos en esta página que tienen menos canicas, y los grupos en la página siguiente que tienen más canicas.

C3

Instrucciones Pida a los niños que hagan una línea desde cada canica de un grupo a otra canica del otro grupo. Después, pídales que encierren en un círculo los grupos que tengan menos canicas.

C4

Nombre _____ 1 y 2

I uno

Instrucciones Pida a los niños que
practiquen la escritura del número 1; dígales que
deben comenzar el trazo de cada número en el
punto negro.

Conexión con el hogar Anime a
su niño a buscar por la casa los números
1 y 2.

C5

2 dos

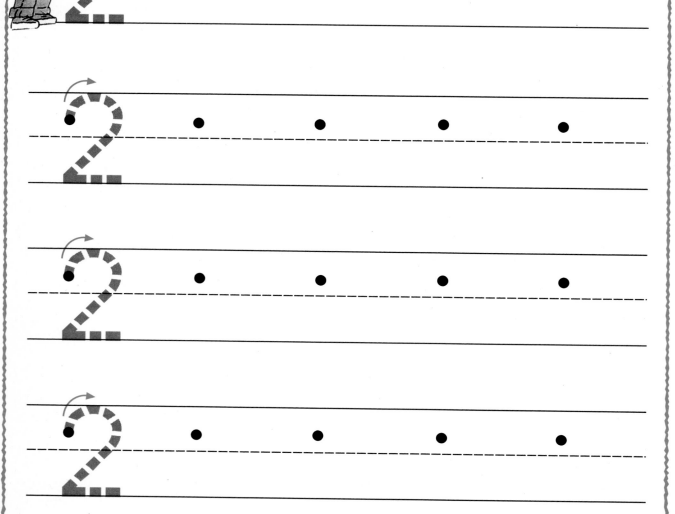

Instrucciones Pida a los niños que practiquen la escritura del número 2; dígales que deben comenzar el trazo de cada número en el punto negro.

3 tres

Instrucciones Pida a los niños que practiquen la escritura del número 3; dígales que deben comenzar el trazo de cada número en el punto negro.

Conexión con el hogar Anime a su niño a que busque los números 3 y 4 la próxima vez que vayan juntos de compras.

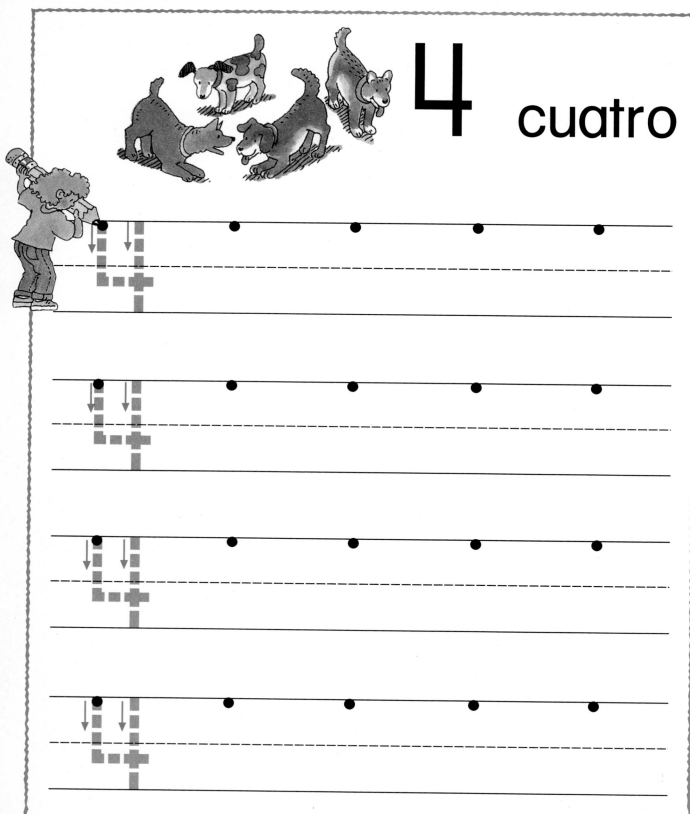

4 cuatro

Instrucciones Pida a los niños que practiquen la escritura del número 4; dígales que deben comenzar el trazo de cada número en el punto negro.

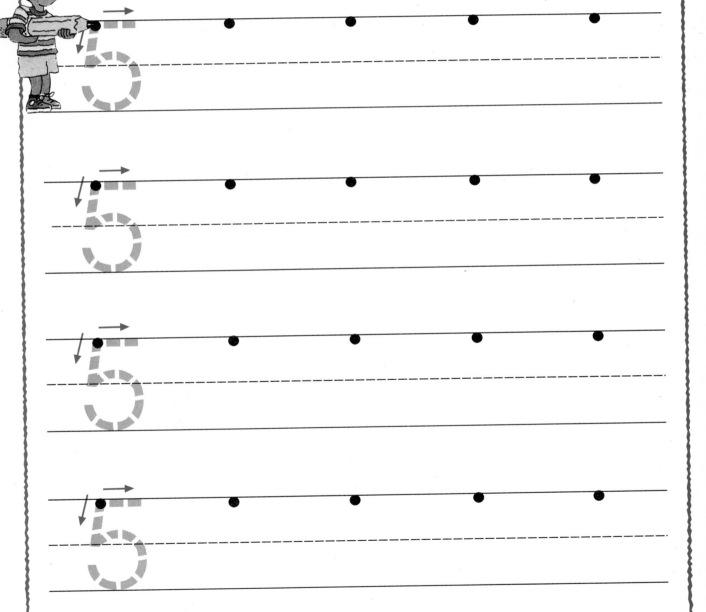

5 cinco

Instrucciones Pida a los niños que practiquen la escritura del número 5; dígales que deben comenzar el trazo de cada número en el punto negro.

Conexión con el hogar La próxima vez que lleve a su hijo de paseo, pídale que busque los números 5 y 0 en carteles y letreros.

0 cero

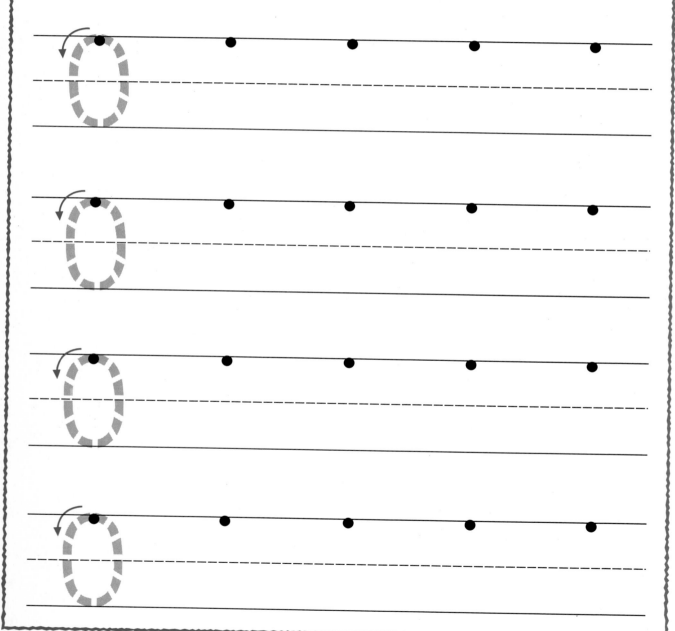

Instrucciones Pida a los niños que practiquen la escritura del número 0; dígales que deben comenzar el trazo de cada número en el punto negro.

Instrucciones Pida a los niños que encierren en un círculo al primer niño de la hilera 1, al segundo niño de la hilera 2, al tercer niño de la hilera 3 y al cuarto niño de la hilera 4.

Conexión con el hogar Pida a su niño que use los números ordinales primero, segundo, tercero, cuarto y quinto para describir las cosas que hace antes de irse a dormir.

Instrucciones Diga a los niños que encierren en un círculo al cuarto niño de la hilera 1, al tercer niño de la hilera 2, al quinto niño de la hilera 3, al primer niño de la hilera 4 y al segundo niño de la hilera 5.

C12

ACTIVIDAD EN INTERNET
www.sbgmath.com

Nombre _____

Separar fichas por colores

Instrucciones Pida a los niños que separen las fichas por colores y que después dibujen en las casillas las fichas que hay de cada color.

Conexión con el hogar Pida a su niño que haga una gráfica con hojuelas de cereal o frijoles para comparar distintos colores.

C13

Separar objetos

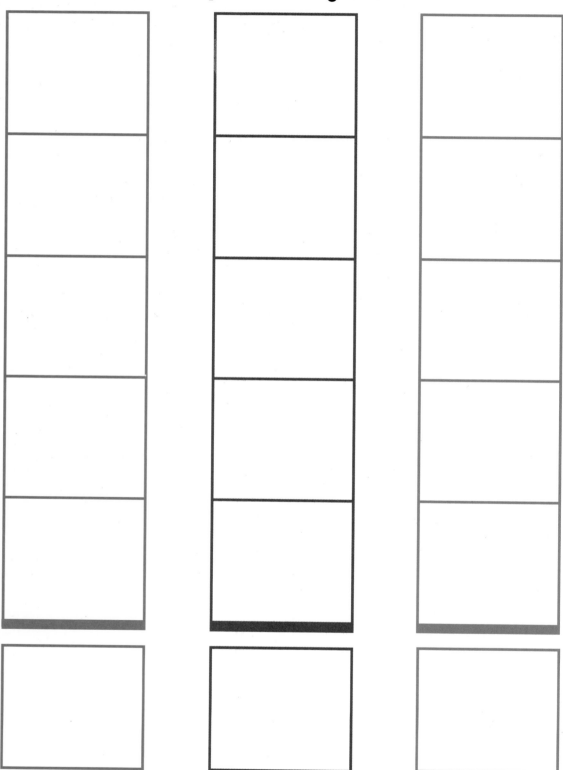

© Silver Burdett Ginn. All rights reserved.

Instrucciones Pida a los niños que busquen y hagan tres grupos de cosas diferentes. Dígales que dibujen en la parte de abajo de cada columna una cosa que represente cada grupo. Después, pídales que separen las cosas y escriban en las columnas el número que hay en cada grupo.

⚠ 1

●   ● ●   ● ● ●   ● ● ● ●   ● ● ● ● ●

_____ | _____   _____   _____   _____

2

_____
- - - - -
_____

3

4

Separar canicas

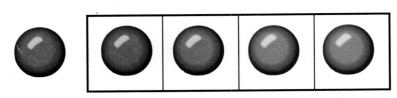

Instrucciones Pida a los niños que: **1.** escriban en orden los números del 1 al 5; **2.** escriban el número; **3.** encierren en un círculo al segundo niño de la hilera y marquen con una X al quinto niño; **4.** encierren en un círculo la hilera que tenga más canicas.

C15

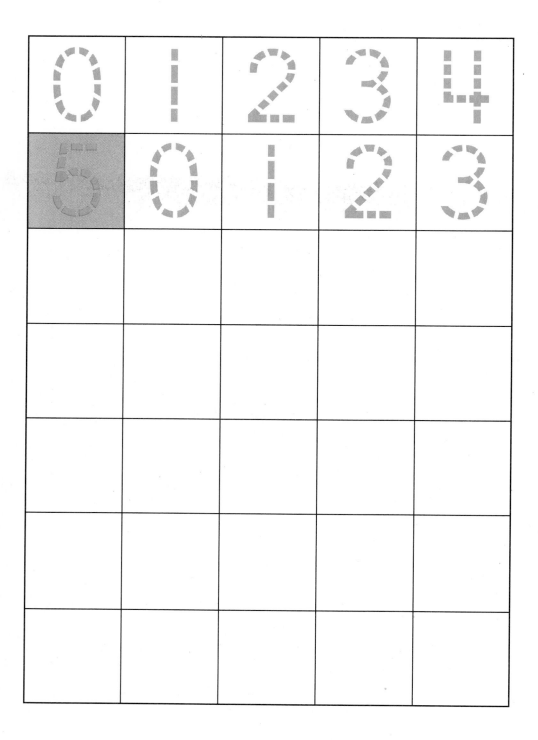

0	1	2	3	4
5	0	1	2	3

Instrucciones Pida a los niños que escriban en orden los números del 0 al 5, una y otra vez, hasta llenar todos los cuadros. Después, dígales que coloreen de un mismo color todos los cuadros que tengan el número 5. Después, pídales que identifiquen el patrón que han formado.

C16

CAPÍTULO 4

Figuras compartidas

Soy un artista

Nota a la familia

En las próximas semanas su niño aprenderá algo sobre formas y figuras. He aquí algunas ideas que pueden compartir.

Actividades para el hogar

- Anime a su niño a que identifique distintas formas en la casa, como círculos en los platos, rectángulos en los libros, etcétera.

- La próxima vez que lleve a su niño de paseo pídale que identifique las cosas que tienen alguna forma en particular. Dígale, por ejemplo: *¿Puedes ver algo con forma de triángulo?* También puede usted señalar cualquier objeto, como un letrero en el camino, y pedirle que diga la forma que tiene.

- Déle marcadores, lápices de colores o pintura para hacer un dibujo con tantos rectángulos (o cualquier otra figura) como pueda.

- La próxima vez que cocine panqueques, corte uno en tres trozos desiguales, uno grande y dos pequeños, por ejemplo. Pregunte a su niño si los tres trozos son iguales.

- Déle un cuchillo sin filo para que por ejemplo, corte una rebanada de pan en trozos iguales, mitades o cuartos.

¡Con más detalle!

Si desean leer más sobre formas y figuras, consulte estos libros en la biblioteca más cercana.

- *Un cuento de peces y sus formas* por Joanne y David Wylie (Childrens Press, 1986)

- *Mira las formas con Gato Galano* por Donald Charles (Childrens Press, 1988)

- *¿Qué forma tiene?* por Debbie MacKinnon (Ediciones B, 1993)

Instrucciones Pida a los niños que coloreen
todos los cuadrados de esta página.

 Conexión con el hogar Pida
a su niño que busque los círculos y
cuadrados que haya por la casa.

D3

Instrucciones Pida a los niños que coloreen todos los círculos de esta página.

D4

1

2

3

4

5

6

Instrucciones Pida a los niños que encierren
en un círculo todos los rectángulos de esta página.

 Conexión con el hogar La
próxima vez que viaje con su niño en
automóvil o autobús, propóngale que
identifique todos los triángulos y
rectángulos que vea.

D5

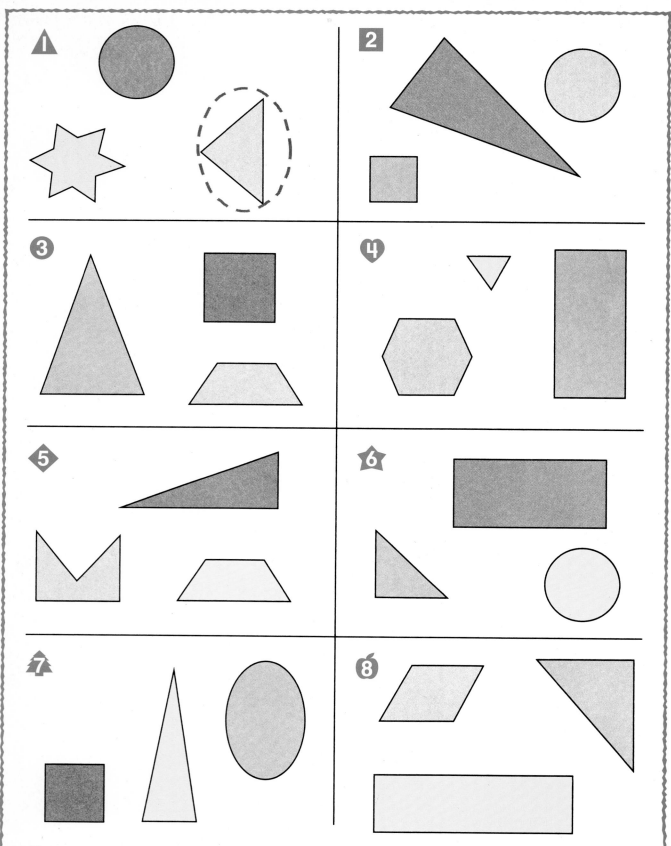

Instrucciones Pida a los niños que encierren en un círculo todos los triángulos de esta página.

D6

Nombre _____

1

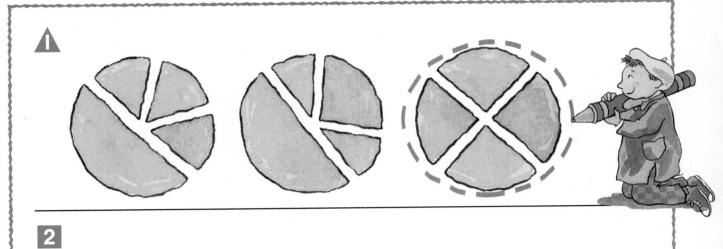

2

3

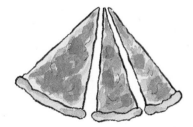

4

Instrucciones Pida a los niños que encierren en un círculo las cosas que están divididas en partes iguales.

Conexión con el hogar Corte una rebanada de pan en dos partes iguales y otra rebanada en dos partes desiguales. Pida a su hijo que identifique la rebanada que muestra dos partes iguales.

D7

1

2

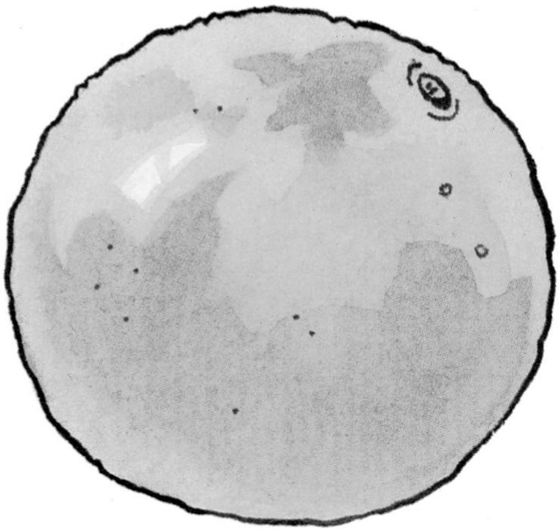

3

4

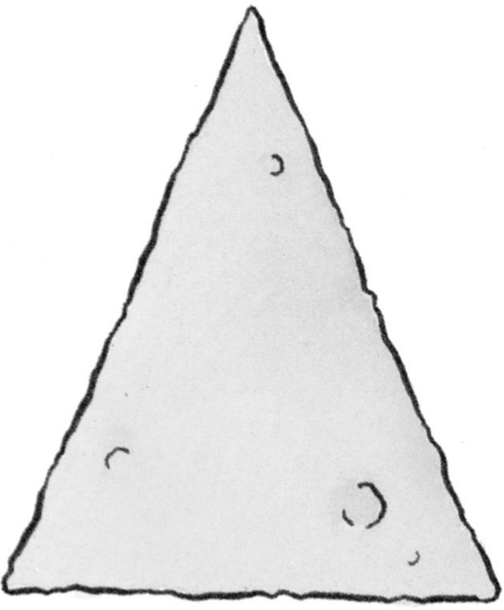

Instrucciones Pida a los niños que hagan una línea por el medio de cada figura para dividirla en dos partes o mitades que sean casi iguales.

Nombre _____

1

2

3

Instrucciones Pida a los niños que encierren en un círculo la figura o figuras que cubren la figura grande con partes iguales.

Conexión con el hogar Dé a su niño seis cuadrados pequeños de papel. Pídale que forme con ellos una figura nueva.

D9

1

2

Instrucciones Pida a los niños que usen las figuras de esta página para crear una figura nueva.

ACTIVIDAD EN INTERNET
www.sbgmath.com

Nombre _____

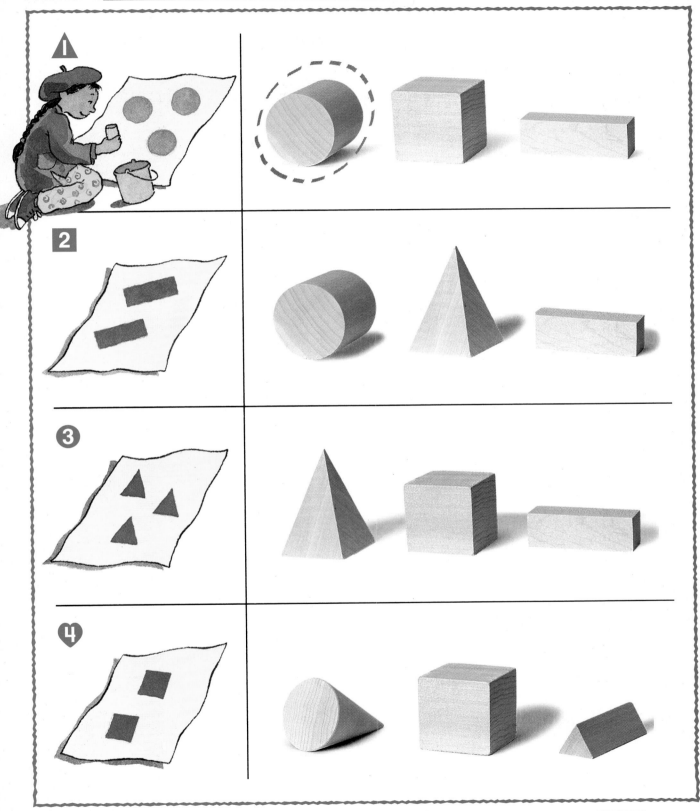

1

2

3

4

Instrucciones Pida a los niños que encierren en un círculo cada bloque que podría imprimir las figuras de la izquierda.

Conexión con el hogar Pida a su niño que busque por la casa objetos con los que se puedan hacer cuadrados o círculos.

D11

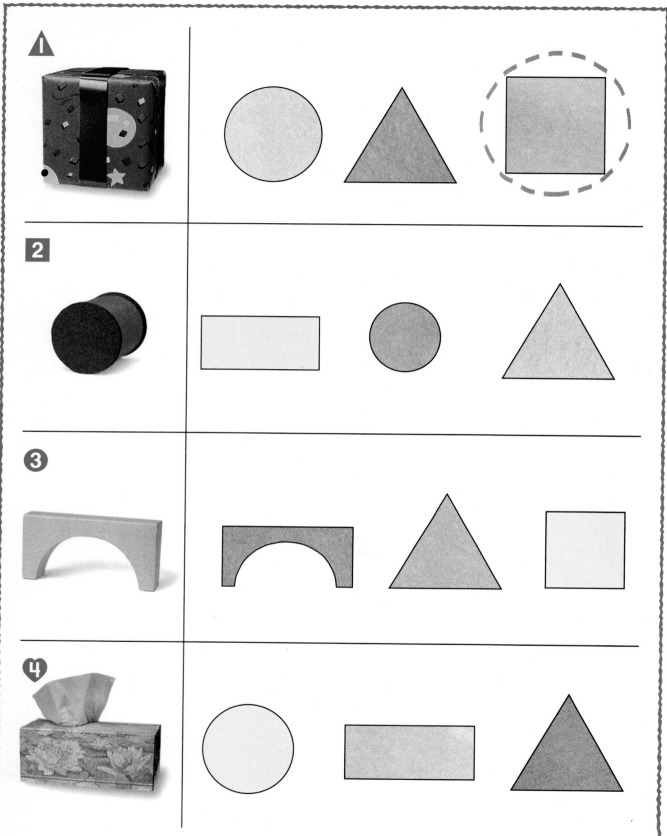

Instrucciones Pida a los niños que encierren en un círculo la figura que representa el objeto.

D12

Figuras

Instrucciones Pida los niños que separen los bloques de patrones para hacer una gráfica. Después pídales que dibujen las distintas figuras en la columna que les corresponde.

Conexión con el hogar
Identifique con su niño distintas figuras que vean por la casa. Luego cuenten las figuras y hagan una gráfica con ellas.

Nuestras figuras favoritas

Instrucciones Pida a cada niño del grupo que escoja su figura
favorita. Después, diga a cada uno que dibuje su figura en la columna
que le corresponde.

1

 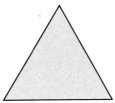  

2

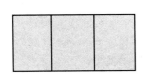 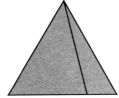  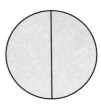

3

  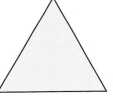

4

Instrucciones Pida a los niños que: **1.** marquen con una X el cuadrado
y encierren en un círculo el triángulo; **2.** encierren en un círculo las figuras
que están divididas en partes iguales; **3.** encierren en un círculo la figura
que imprimió el bloque; **4.** encierren en un círculo la figura que puede
cubrir la figura más grande con partes iguales.

Nombre _____

1

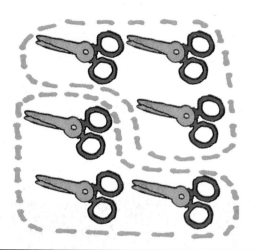

2

3

4

5

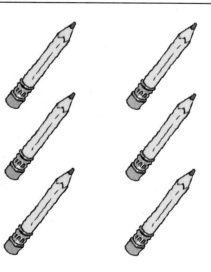

6

Instrucciones Pida a los niños que encierren grupos en un círculo para formar dos grupos iguales.

CAPÍTULO 5

Sos cocinero

Nota a la familia

**En las próximas semanas su niño aprenderá
los números hasta el 10.
He aquí algunas ideas que
pueden compartir.**

Actividades para el hogar

- Cuando suba o baje escaleras con su niño, anímelo a contar de 0 a 10 y después de 10 a 0.

- Escriba los números del 0 al 10 en una hoja de papel y recórtelos en forma de tarjetas pequeñas. Pida a su niño que ponga las tarjetas en orden del 0 al 10.

- Ordene en hilera 10 galletas de animalitos de manera que todos miren en la misma dirección. Señale la primera galleta y pídale a su niño que identifique la *sexta* galleta. Repita el juego con la *séptima, octava, novena* y *décima* galletas.

- Ponga en la mesa siete frijoles (o cualquier producto parecido) y pida a su niño que los cuente. Escriba el número siete en un vaso de papel y colóquelo boca abajo cubriendo los frijoles. Ponga dos frijoles más junto al vaso de papel y pregunte a su niño cuántos frijoles hay en total. Anímelo a empezar a contar a partir del siete (siete... ocho, nueve).

¡Con más detalle!

Si desean leer más sobre los números hasta el 10, consulte estos libros en la biblioteca más cercana.

- *Fiesta para 10* por Cathryn Falwell (Scholastic, 1995)
- *Diez, nueve, ocho* por Molly Bang (Greenwillow, 1997)
- *Primeras imágenes—Contando* (Editorial Sigmar, 1992)

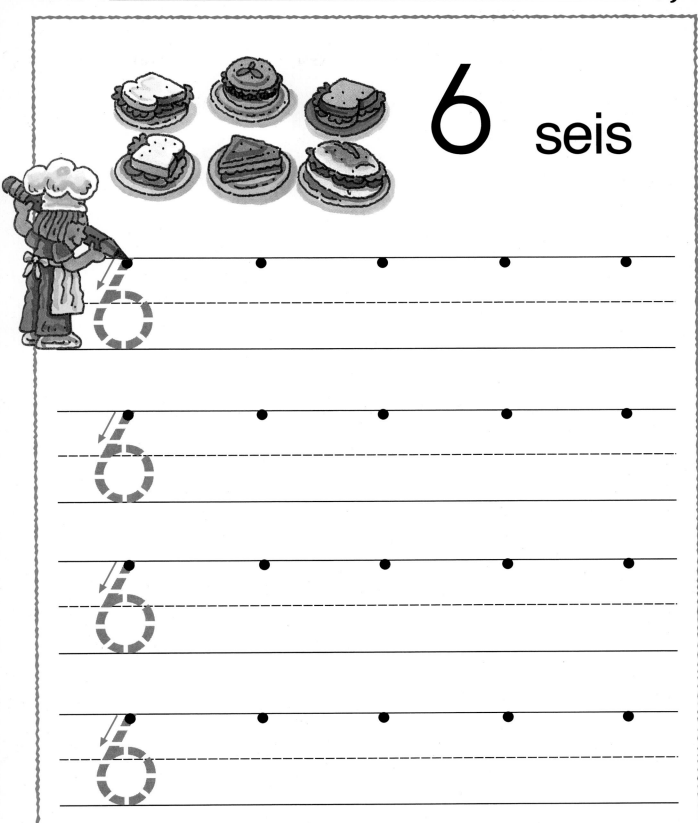

6 seis

Instrucciones Pida a los niños que practiquen la escritura del número 6. Dígales que comiencen el trazo de cada número en el punto negro.

 Conexión con el hogar Pida a su niño que identifique los números 6 y 7 que encuentre por la casa.

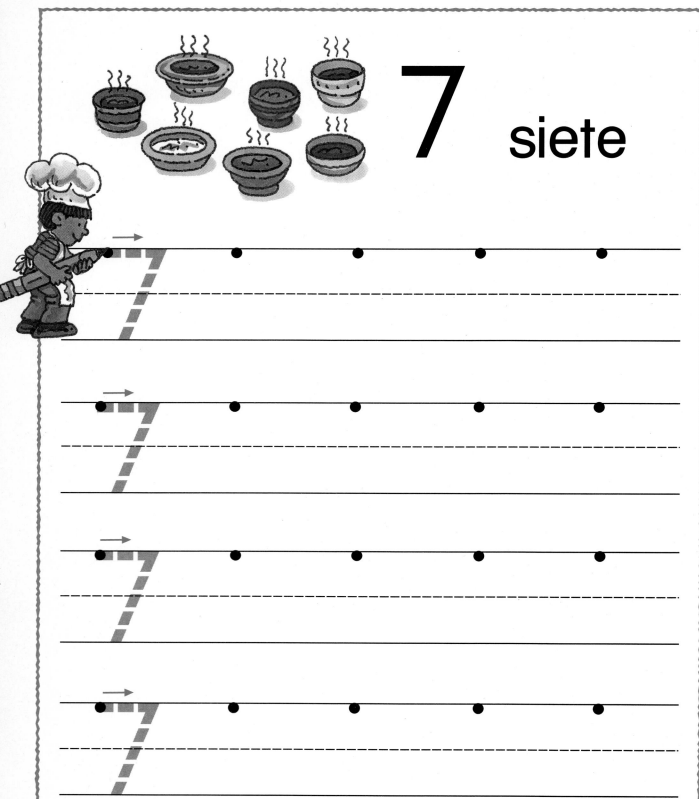

7 siete

Instrucciones Pida a los niños que practiquen la escritura del número
7. Dígales que comiencen el trazo de cada número en el punto negro.

8 ocho

Instrucciones Pida a los niños que practiquen la escritura del número 8. Dígales que comiencen el trazo de cada número en el punto negro.

 Conexión con el hogar La próxima vez que vaya de compras con su niño, pídale que señale los números 8, 9 y 10 en los letreros y etiquetas que vea.

E5

9 nueve

10 diez

Instrucciones Pida a los niños que practiquen la escritura de los números 9 y 10. Dígales que comiencen el trazo de cada número en el punto negro.

E6

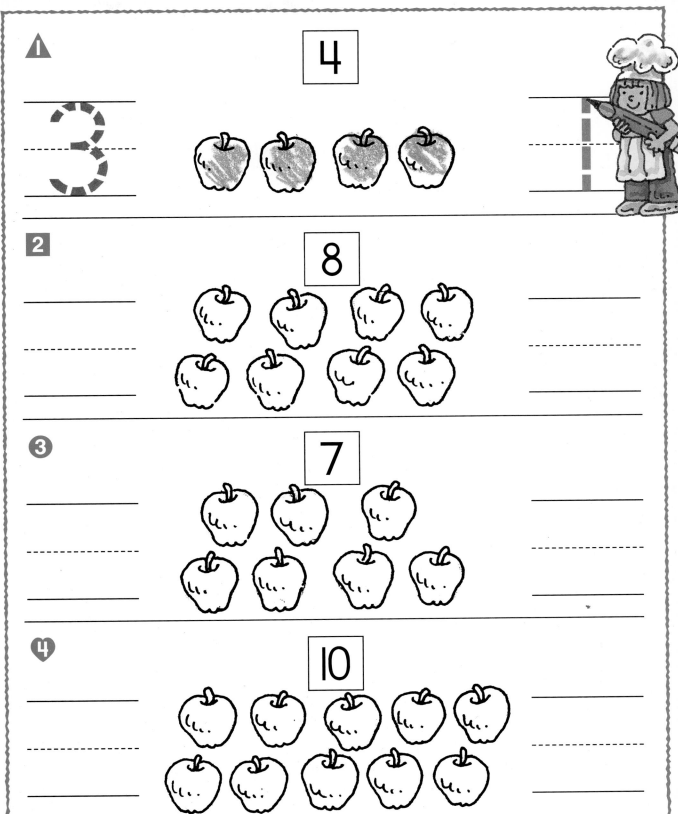

⚠ 4

3

2 8

3 7

④ 10

Instrucciones Pida a los niños que coloreen algunas manzanas de rojo y otras de verde en cada ejercicio. Después, dígales que escriban cuántas hay de cada color.

Conexión con el hogar Reúna seis envases de dos colores diferentes. Pida a su niño que cuente todos los envases y luego cuente los que hay de cada color.

1

2

6

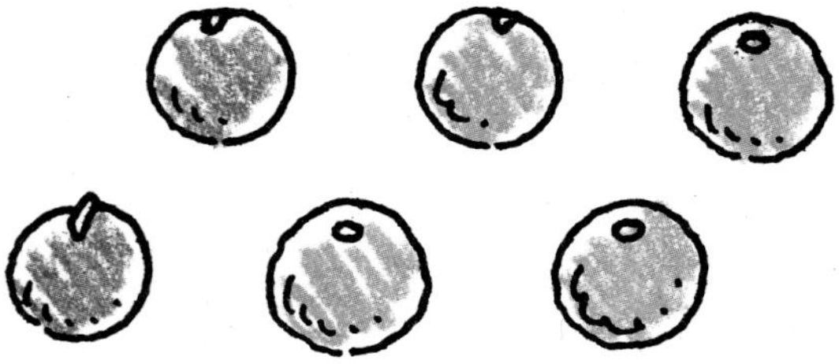

4

2

10

3

9

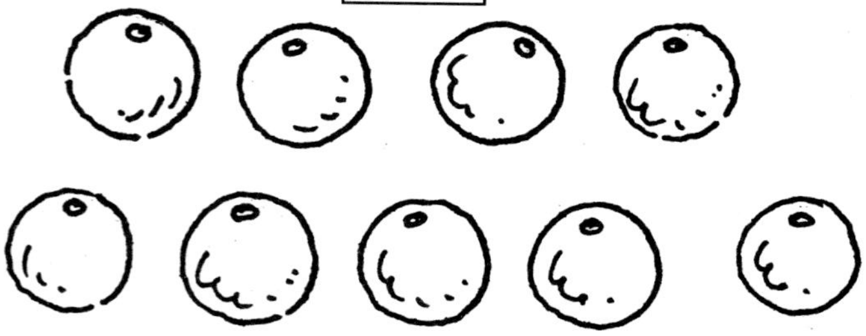

4

5

Instrucciones Pida a los niños que coloreen algunas uvas de morado
y otras de verde en cada ejercicio. Después, dígales que escriban cuántas
hay de cada color.

Nombre _____ **Comparar números**

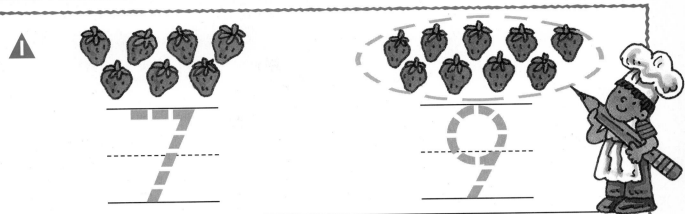

① ___7___   ___9___

- - - - - - - -   - - - - - - - -

_____   _____

②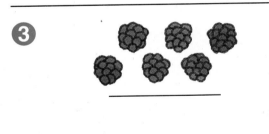

- - - - - - - -   - - - - - - - -

_____   _____

③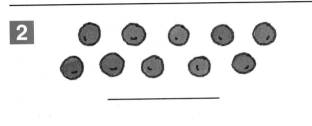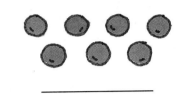

- - - - - - - -   - - - - - - - -

_____   _____

④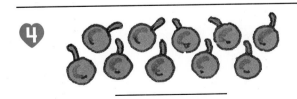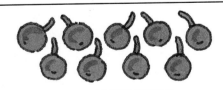

- - - - - - - -   - - - - - - - -

_____   _____

Instrucciones Pida a los niños que cuenten las frutas que hay en cada grupo y que escriban los números. Luego, dígales que encierren en un círculo el grupo que tiene más frutas.

 Conexión con el hogar Forme dos grupos pequeños con cualquier alimento, por ejemplo seis y ocho cacahuates. Pregunte a su niño: "¿Cuál de los dos grupos tiene más cacahuates?"

E9

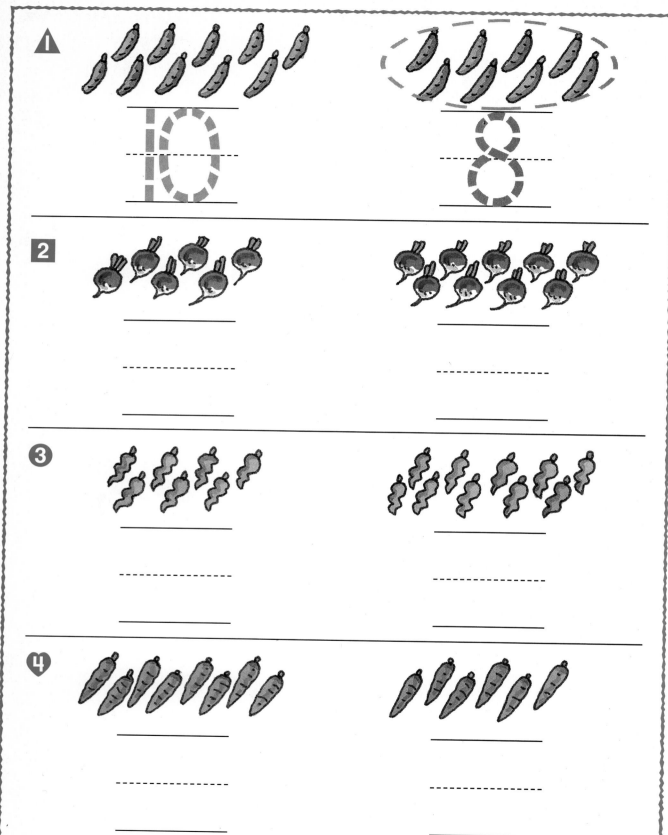

Instrucciones Pida a los niños que cuenten las verduras que hay en cada grupo y que escriban los números. Después, dígales que encierren en un círculo el grupo que tenga menos verduras.

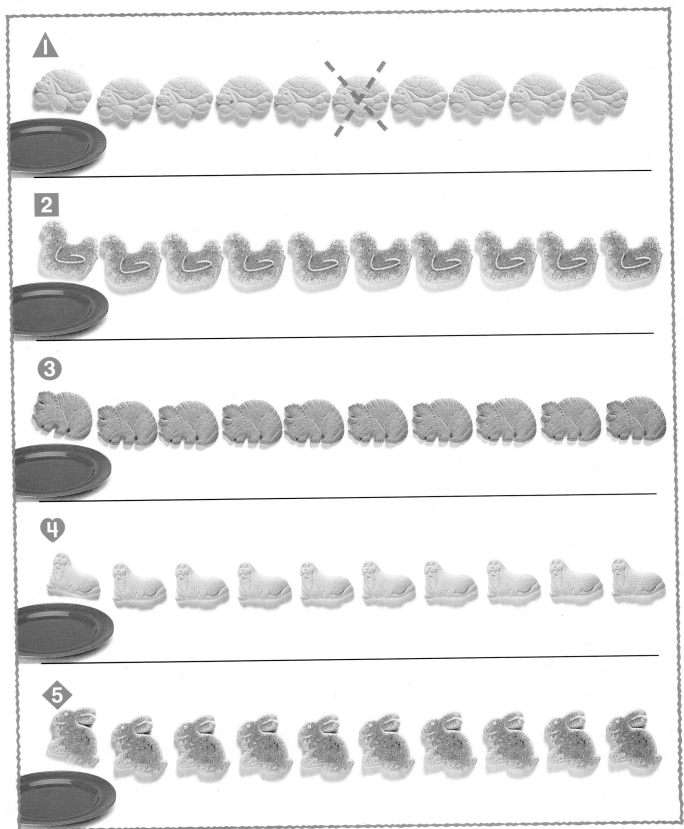

Instrucciones Pida a los niños que marquen con una X la sexta galleta de la hilera 1, la séptima de la hilera 2, la octava de la hilera 3, la novena de la hilera 4 y la décima de la hilera 5.

 Conexión con el hogar Camine con su niño hasta un cruce donde el tránsito tenga que parar. Pídale que identifique los automóviles detenidos en el cruce como primero, segundo, etc.

E11

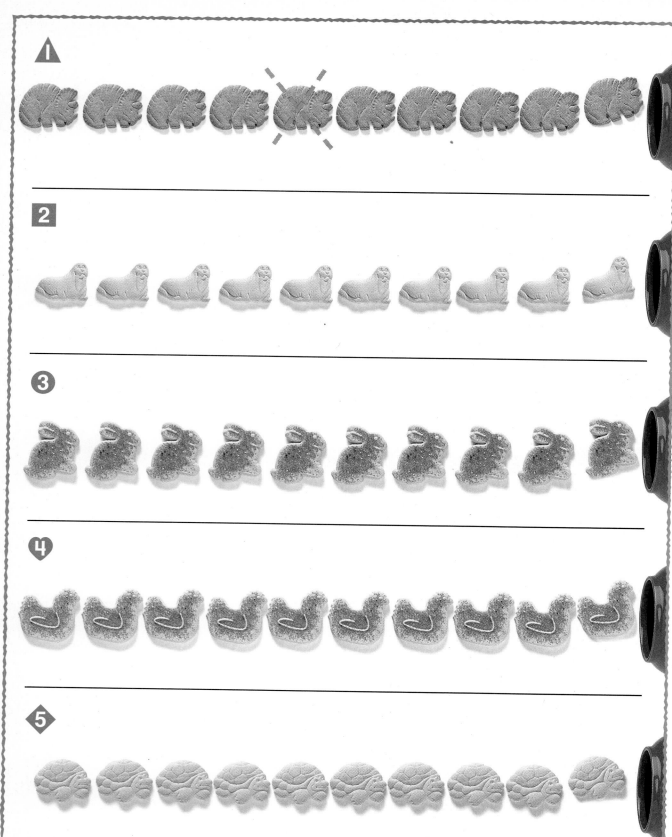

Instrucciones Pida a los niños que marquen con una X la sexta
galleta de la hilera 1, la séptima de la hilera 2, la octava de la hilera 3,
la novena de la hilera 4 y la décima de la hilera 5.

E12

Nombre_____

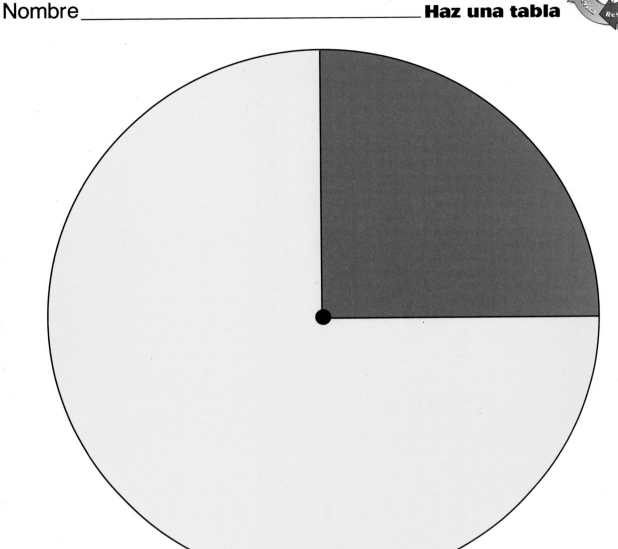

Marcas de conteo de cada color

Instrucciones Pida a los niños que coloquen un sujetapapeles en la ruleta y lo sujeten en el centro con un lápiz. (El centro de la ruleta es el punto negro.) Después, dígales que hagan girar el sujetapapeles diez veces y que hagan una marca en la tabla del color que sale en cada vuelta.

 Conexión con el hogar Pregunte a su niño: "¿Qué es más probable, que una familia tenga como mascota una jirafa o un gato?"

E13

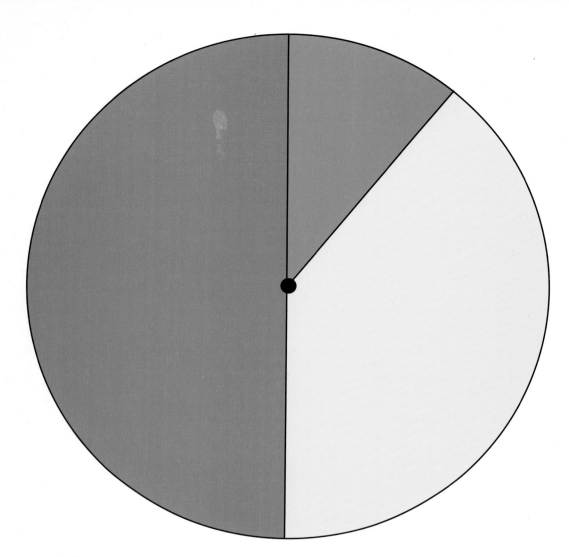

Marcas de conteo de cada color

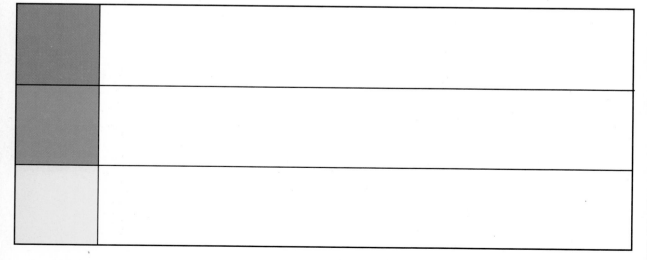

Instrucciones Pida a los niños que coloquen un sujetapapeles en la ruleta y lo sujeten en el centro con un lápiz. (El centro de la ruleta es el punto negro.) Después, dígales que hagan girar el sujetapapeles diez veces y que pongan una marca en la tabla del color que sale en cada vuelta.

1	
5	6	7

2	
6	7	8

3

_____ 7 _____ _____ _____

- - - - - - - - - - - - - - - - - - -

_____ _____ _____ _____ _____

4

5 ¿Cara o cruz?

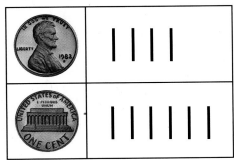

| | | | | | | |
| | | | | | |

Instrucciones Pida a los niños que: **1** y **2.** encierren en un círculo el número de pasteles; **3.** escriban en orden los números del 6 al 10; **4.** encierren en un círculo la sexta galleta y marquen con una X la novena galleta; **5.** miren la tabla y encierren en un círculo el grupo con menos marcas de conteo.

E15

Nombre _____

Instrucciones Reparta calculadoras entre los niños. Pídales que busquen los números que se ven en las teclas. Después, dígales que llenen los espacios de estas calculadoras con los números que faltan.

CAPÍTULO 6

Medidas

Nota a la familia

En las próximas semanas su niño aprenderá lo que son las medidas. He aquí algunas ideas que pueden compartir.

 ## Actividades para el hogar

- Corte tres listones o cordones de diferentes tamaños. Pida a su niño que los ordene de menor a mayor.

- Consiga una pluma de ave, un libro y una silla (o tres objetos de diferente peso). Pregunte a su niño cuál es el más pesado y cuál el más ligero.

- Llene con agua dos envases de diferente tamaño y pida a su niño que identifique el envase que contiene más agua y el que contiene menos.

 ## ¡Con más detalle!

Si desean leer más sobre medidas consulte estos libros en la biblioteca más cercana.

- *Pulgada a pulgada* por Leo Lionni (Scholastic, 1995)
- *Castor carpintero* por Lars Klinting (Editorial Zendrera Zariquiey, 1996)
- *I'm Too Big/Soy demasiado grande* por Lone Morton (Barrons, 1994)

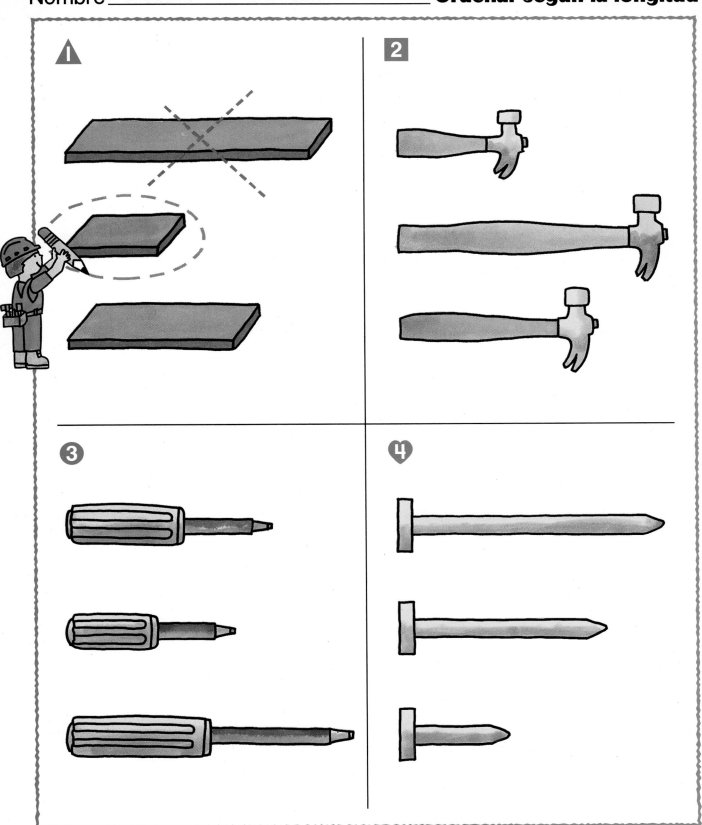

Instrucciones Pida a los niños que ordenen estos objetos del más largo al más corto, encerrando en un círculo el objeto más corto y marcando con una X el más largo.

Conexión con el hogar Dé a su niño tres cucharas de diferente largo. Pregúntele cuál es la más larga y cuál es la más corta.

F3

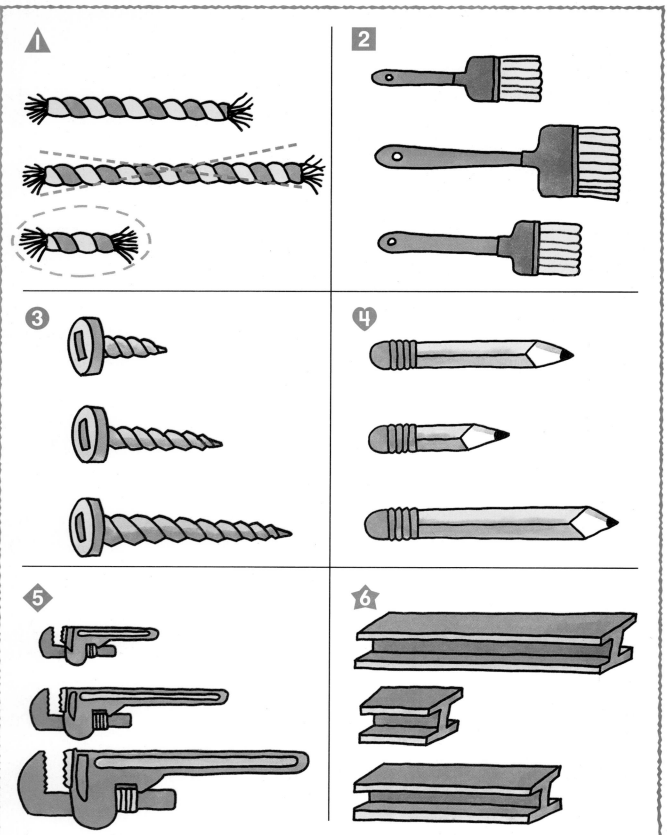

Instrucciones Pida a los niños que ordenen estos objetos del más corto al más largo, y que después encierren en un círculo el objeto más corto y marquen con una X el más largo.

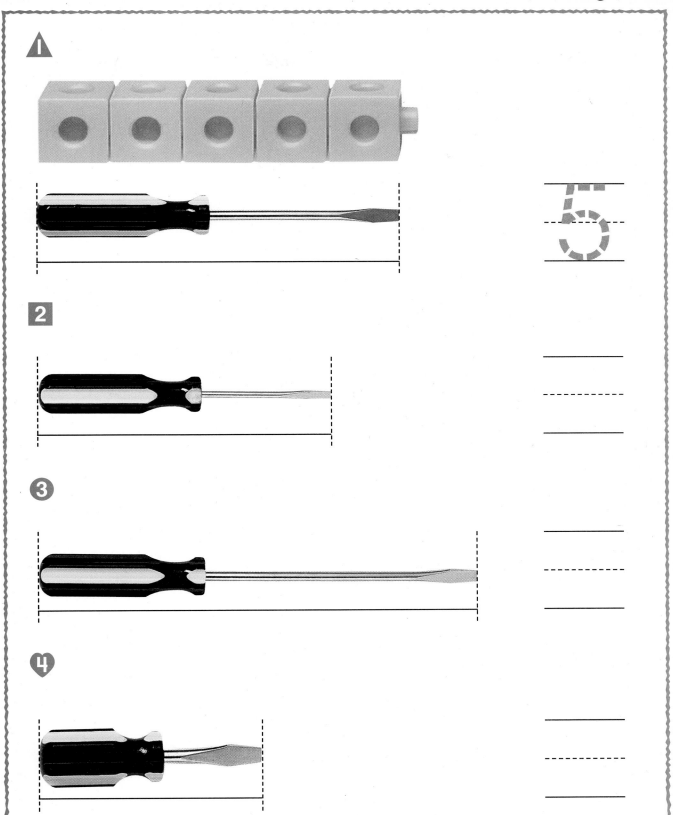

1

5

2

3

4

Instrucciones Pida a los niños que usen cubos de construcción para medir la longitud de estos destornilladores. Luego, dígales que escriban la medida de cada uno.

Conexión con el hogar Dé a su niño un objeto pequeño, un sujetapapeles por ejemplo, para medir la longitud de los utensilios de su cocina.

1

2

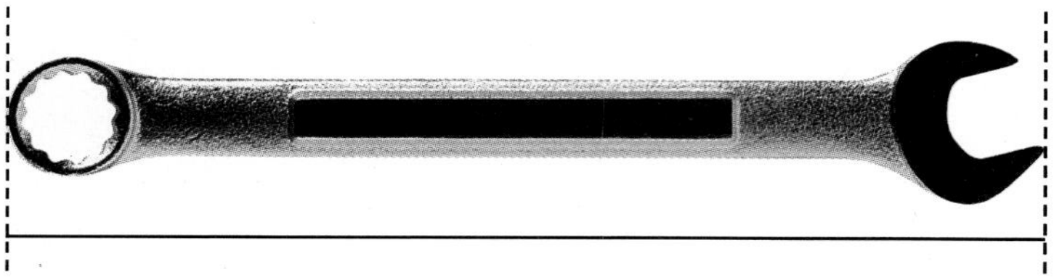

3

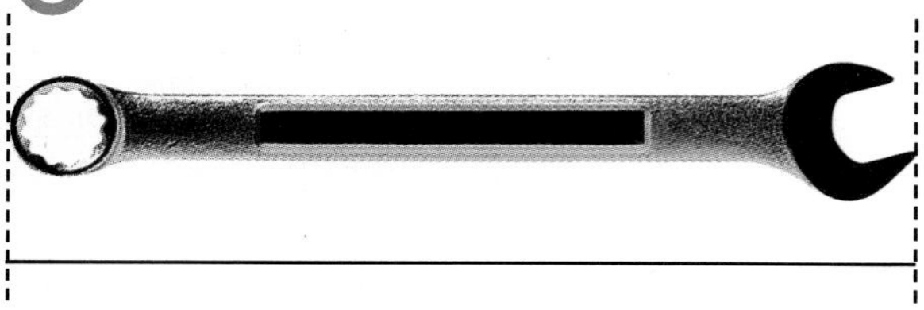

4

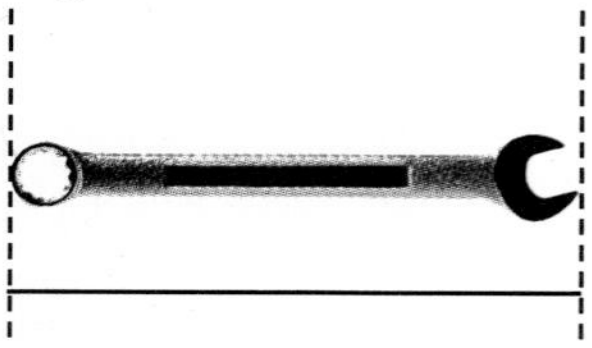

5

3

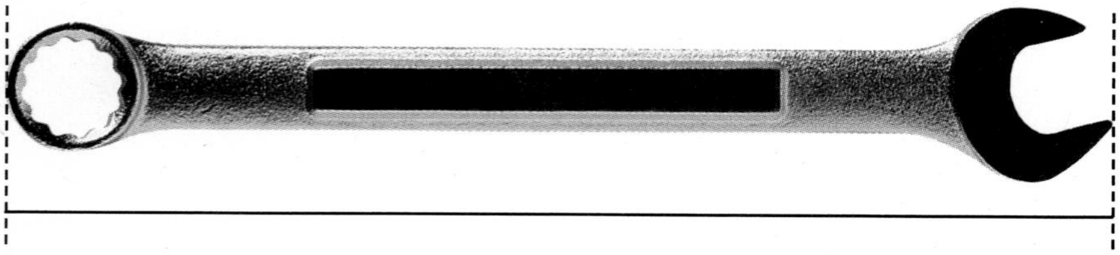

Instrucciones Pida a los niños que usen cubos de construcción para medir la longitud de estas llaves de tuerca. Dígales que escriban la medida de cada una.

Nombre _____

 **Estima** **Comprueba**

 3 2

2 **Estima** **Comprueba**

3 **Estima** **Comprueba**

4 **Estima** **Comprueba**

Instrucciones Pida a los niños que usen el frijol del dibujo para hacer una estimación de la longitud de cada tornillo. Dígales que escriban sus estimaciones. A continuación, anímelos a que usen un frijol de verdad para medir los tornillos. Pídales que escriban cada medida.

Conexión con el hogar Anime a su niño a que estime y compruebe con un frijol la longitud de cosas pequeñas que encuentre por la casa.

1

Estima   **Comprueba**

2

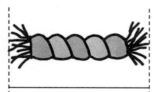

Estima

- - - - - - - - -

Comprueba

- - - - - - - - -

3

Estima   **Comprueba**

- - - - - - - - -

- - - - - - - - -

4

Estima

- - - - - - - - -

Comprueba

- - - - - - - - -

5

Estima

- - - - - - - - -

Comprueba

- - - - - - - - -

Instrucciones Pida a los niños que usen el frijol del dibujo para hacer una estimación de la longitud de cada trozo de estambre. Dígales que escriban sus estimaciones. A continuación, anímelos a que usen un frijol de verdad para medir los trozos de estambre. Pídales que escriban cada medida.

ACTIVIDAD EN INTERNET
www.sbgmath.com

F8

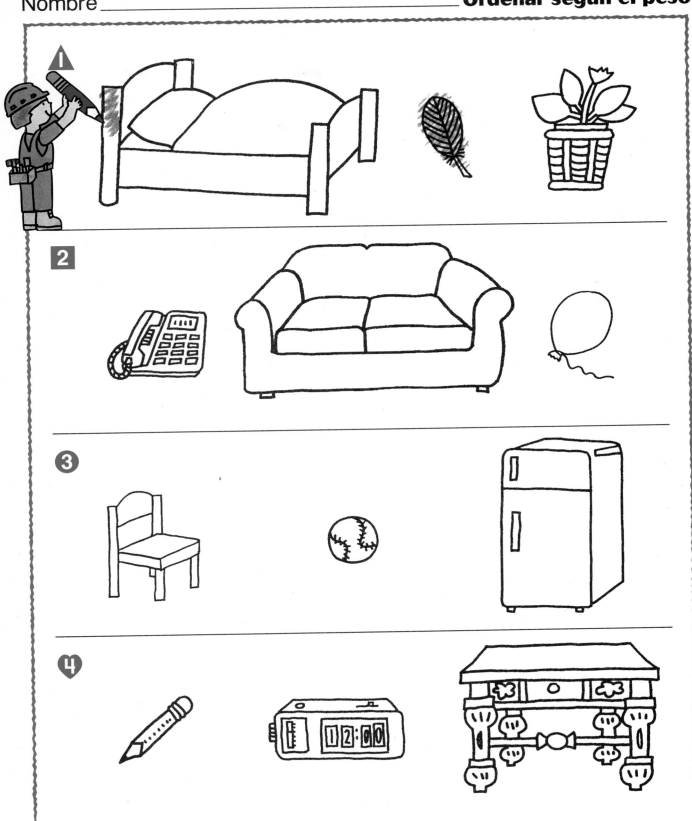

Instrucciones Pida a los niños que coloreen de azul el objeto más pesado y de rojo el más ligero. Luego, dígales que los ordenen según su peso.

 Conexión con el hogar Ayude a su niño a buscar tres objetos de diferente peso, por ejemplo, una pluma de ave, un juguete y un envase grande, para que los ordene del más ligero al más pesado.

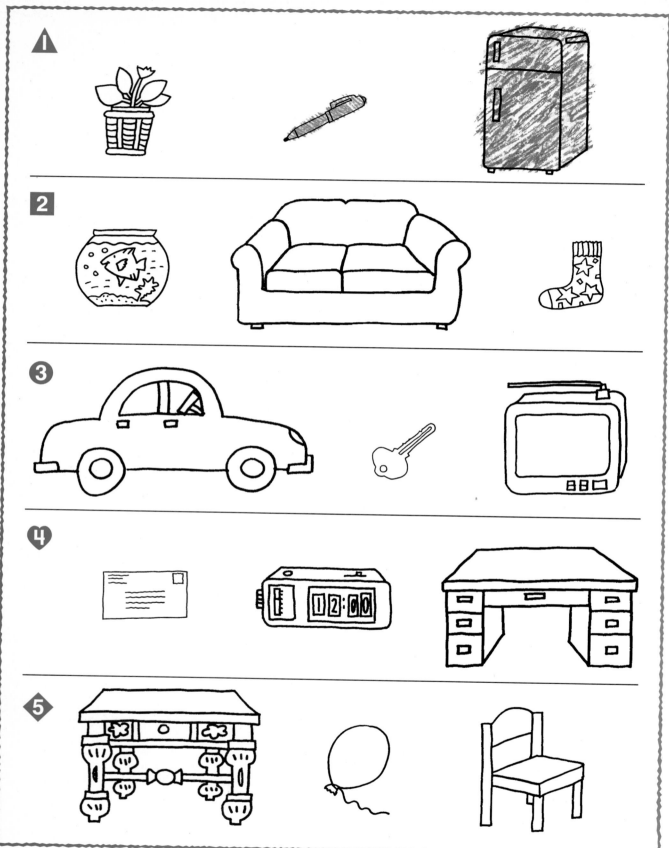

Instrucciones Pida a los niños que en cada ejercicio coloreen de azul el objeto más pesado y de rojo el más ligero. Luego, dígales que los ordenen según su peso.

Nombre _____

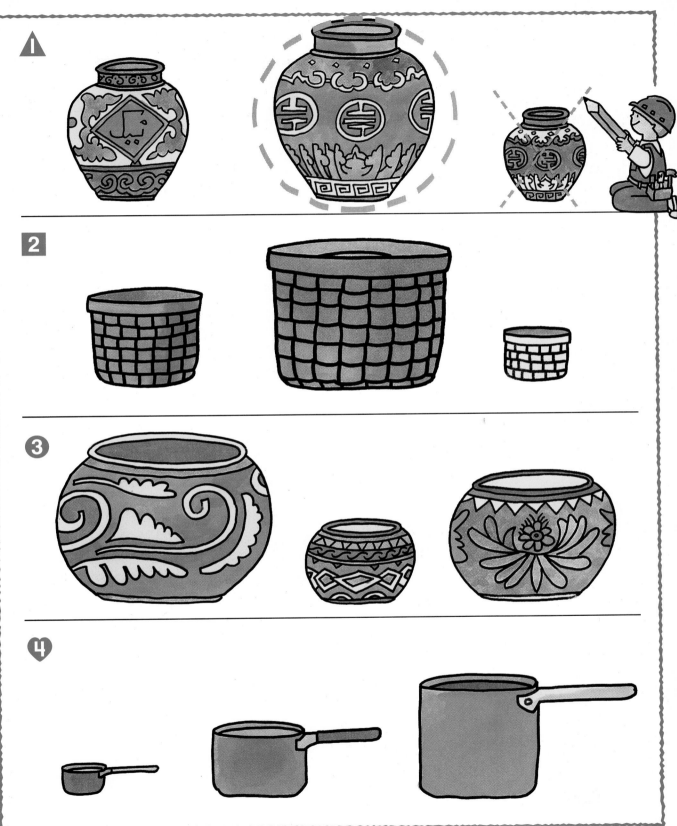

Instrucciones En cada ejercicio, pida a los niños que marquen con una X el envase en el que cabe menos, y que encierren en un círculo en el que cabe más.

 Conexión con el hogar Busque con su niño tres envases de diferente tamaño. Anímelo a que experimente para determinar en cuál de ellos caben menos bolitas de algodón.

Instrucciones En cada ejercicio, pida a los niños que marquen con una X el envase en el que cabe menos, y que encierren en un círculo en el que cabe más.

F12

¿Cuánto cabe?

Instrucciones Pida a los niños que busquen en el salón de clase envases como los del dibujo y los llenen con cubos de construcción. Dígales que cuenten los cubos que caben en cada envase y coloreen el mismo número de cuadrados en cada columna.

Conexión con el hogar Pida a su niño que llene un vaso y una taza con bolitas de algodón. Ayúdelo a determinar en cuál de los dos caben más bolitas de algodón.

¿Cuánto mide?

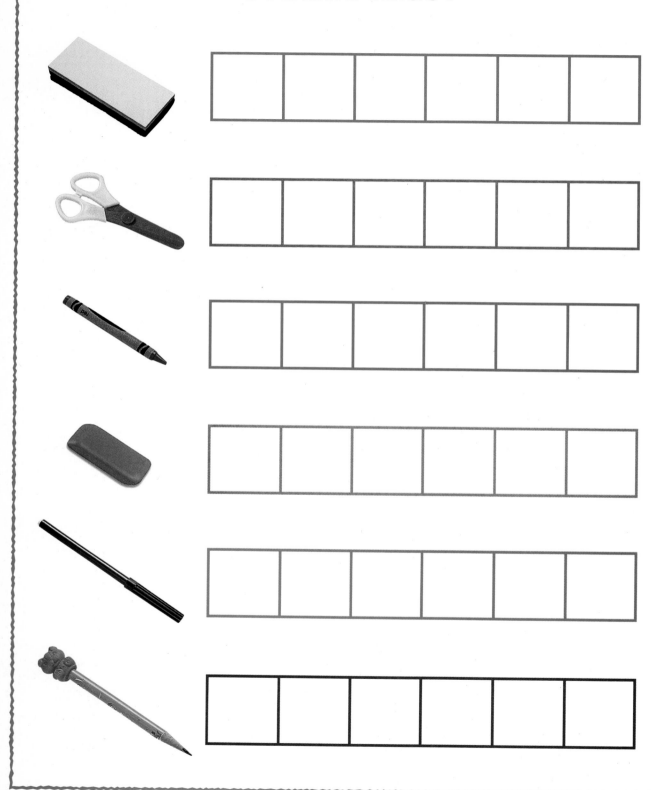

Instrucciones Pida a los niños que busquen estos objetos en el salón de clase y que los midan con cubos de construcción. Luego, dígales que coloreen el mismo número de cuadrados en cada columna.

F14

1

2

Estima   **Comprueba**

- - - - - - - - - -   - - - - - - - - - -

_____   _____

3

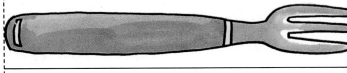

4

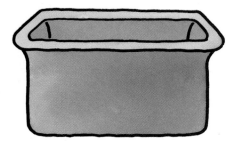

Instrucciones Pida a los niños que: **1.** tachen el objeto más largo y encierren en un círculo el más corto; **2.** estimen y comprueben la longitud del tenedor, y escriban las respuestas; **3.** pinten de azul el objeto más pesado y de rojo el más ligero; **4.** tachen el envase en el que cabe más y encierren en un círculo en el que cabe menos.

Nombre _____

 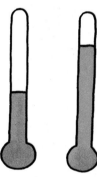 

 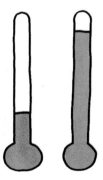 

 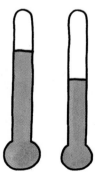 

Instrucciones Pida a los niños que comparen cada par de dibujos y termómetros. Dígales que encierren en un círculo el dibujo donde parece que hace más calor.

autobús escolar

Instrucciones En cada ejercicio pida a los niños que hagan una línea desde el dibujo de arriba hasta el dibujo que muestra lo que viene después.

G4

Nombre_____

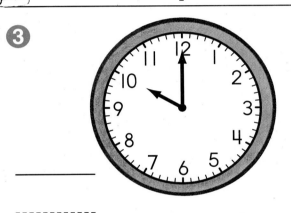

1 en punto

2 en punto

3 en punto

4 en punto

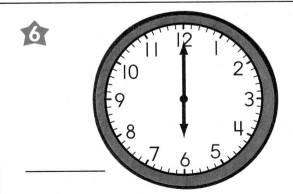

5 en punto

6 en punto

Instrucciones Pida a los niños que digan la hora de cada reloj.

Conexión con el hogar En el momento en que vaya a empezar su programa de televisión favorito, pida a su niño que mire el reloj y le diga qué hora es.

G5

1

9 en punto

2

2 en punto

3

4 en punto

4

11 en punto

5

6 en punto

6

8 en punto

Instrucciones Pida a los niños que dibujen el horario para mostrar la hora correcta.

Nombre _____

Instrucciones Pida a los niños que dibujen el minutero en el reloj de manecillas y que escriban la hora en el reloj digital para mostrar a qué hora ocurre cada actividad.

 Conexión con el hogar Muestre a su niño un reloj digital. Pídale que señale los números que indican las horas y los que indican los minutos.

1

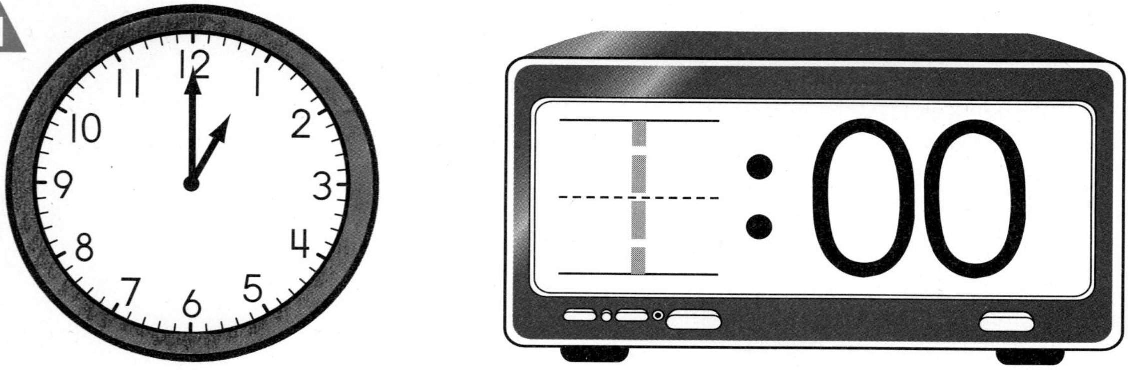

2

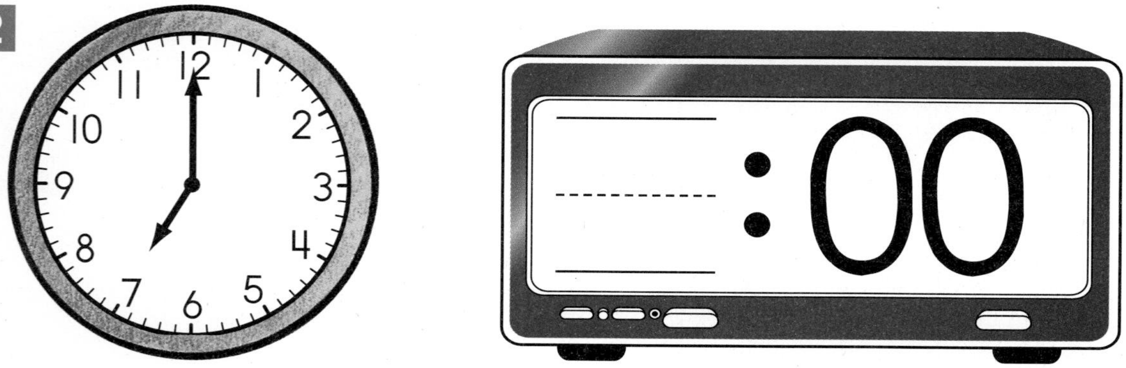

3

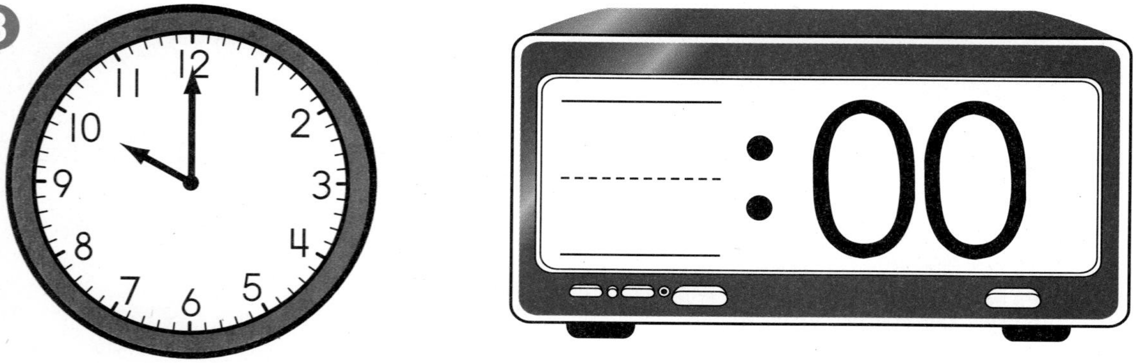

4

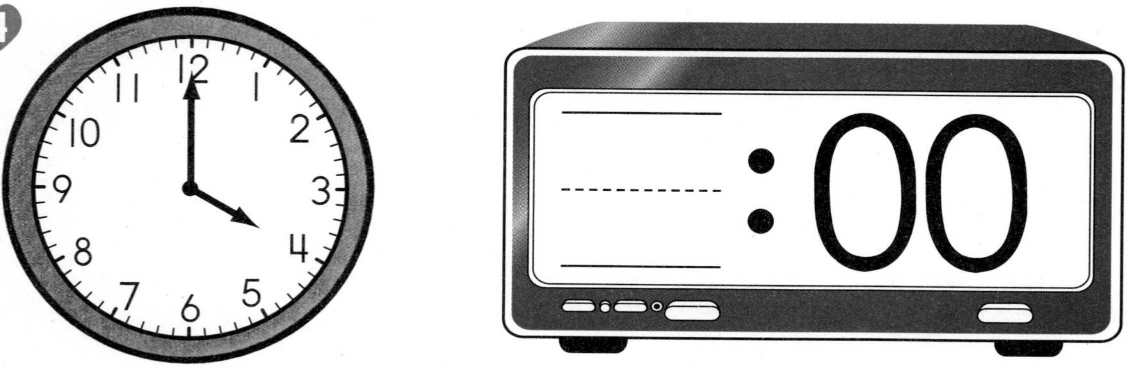

Instrucciones Pida a los niños que miren los relojes de manecillas.
Dígales que escriban la misma hora en el reloj digital.

G8

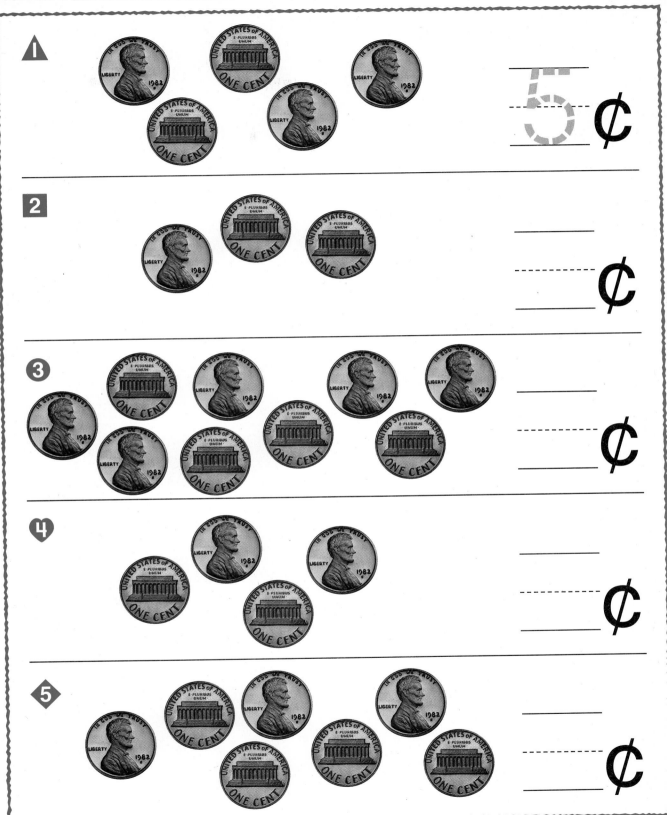

1. ___5___ ¢

2. _____ ¢

3. _____ ¢

4. _____ ¢

5. _____ ¢

Instrucciones Pida a los niños que cuenten las monedas de un centavo. Pídales que escriban el número para saber el valor de cada grupo.

Conexión con el hogar Dé a su niño algunas monedas de un centavo. Pídale que las cuente y que diga cuántos centavos hay en total.

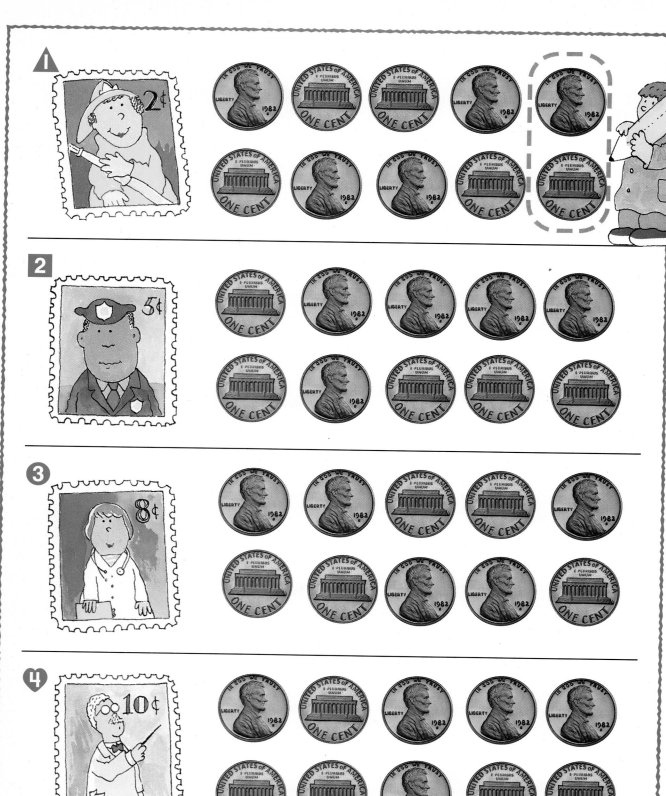

Instrucciones Pida a los niños que miren las estampillas. Pídales que encierren en un círculo las monedas necesarias para comprar cada estampilla.

G10

ACTIVIDAD EN INTERNET

www.sbgmath.com

1

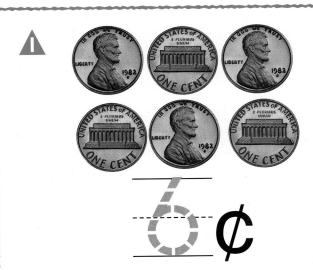

6 ¢

_____ ¢

2

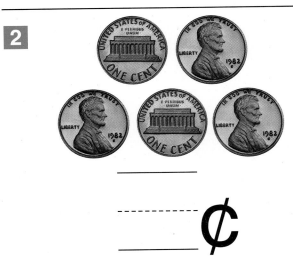

_____ ¢

_____ ¢

3

_____ ¢

_____ ¢

Instrucciones Pida a los niños que cuenten cuántas monedas de un centavo hay en cada grupo. Dígales que escriban el número.

Conexión con el hogar Dé a su niño una moneda de cinco centavos y siete monedas de un centavo. Pregúntele cuántas monedas de un centavo puede cambiar por la otra moneda.

1

$\underline{5}\not{c}$

2

$\underline{}\not{c}$

3

$\underline{}\not{c}$

4

$\underline{}\not{c}$

5

$\underline{}\not{c}$

Instrucciones Pregunte a los niños cuántas monedas de un centavo hay en cada grupo. Pídales que escriban el número.

Nombre _____ **Monedas de diez centavos**

10¢

1

 4 ¢
4¢

2¢

2

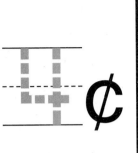 ____ ¢

5¢

3

  ____ ¢

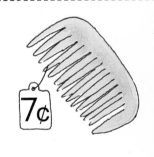
7¢

4

  ____ ¢

6¢

3¢

Instrucciones Pida a los niños que escriban el valor de las monedas. Después, pídales que recorten los dibujos y los peguen junto al precio de su valor.

Conexión con el hogar Dé a su niño varias monedas y pídale que separe las monedas de diez centavos.

G13

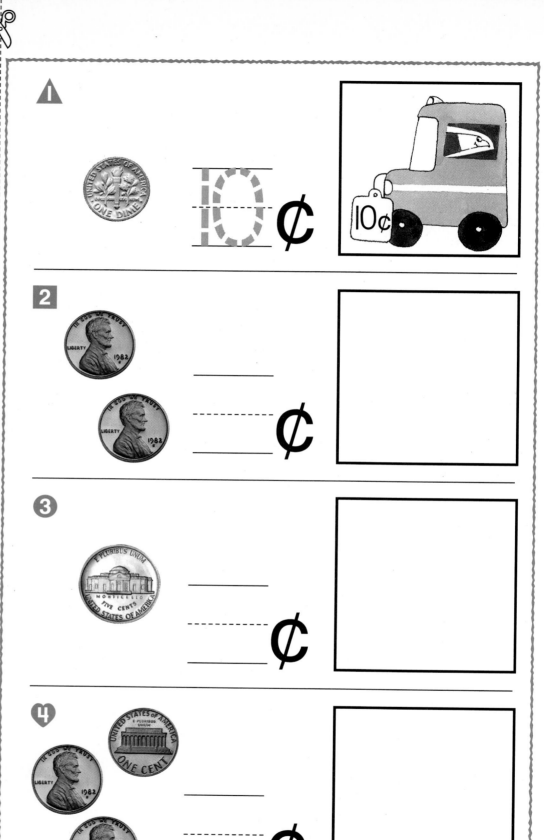

1 10 ¢

2 _____ ¢

3 _____ ¢

4 _____ ¢

Instrucciones Pida a los niños que escriban el valor de las monedas. Después, pídales que peguen el dibujo de cada juguete junto al precio de su valor.

G14

----------- ----------- -----------

_____ _____ _____

2

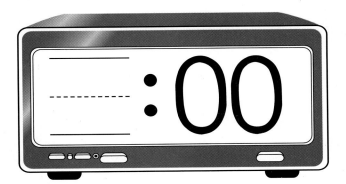

_____ **:00**

3

_____
----------- **¢**

4

----------- **¢**

5

7¢

Instrucciones Pida a los niños que: **1.** ordenen los sucesos con los números 1, 2 y 3; **2.** escriban la hora del reloj de manecillas en el reloj digital; **3-4.** escriban el valor de las monedas; **5.** digan cuántas monedas necesitan para comprar la corneta y tachen las monedas que usaron.

G15

Nombre _____

 25¢    25¢

Instrucciones Pida a los niños que tachen las monedas de veinticinco centavos.

CAPÍTULO 8

Explorar números mayores

Soy maestra

Nota a la familia

En las próximas semanas su niño aprenderá números mayores de 10. He aquí algunas ideas que pueden compartir.

Actividades para el hogar

- La próxima vez que suban un tramo de escaleras, pida a su niño que cuente los escalones a medida que suben.

- Cuando vaya con su niño al supermercado, anímelo a buscar los números entre 11 y 20 en las etiquetas y precios de los productos.

- Muestre a su niño una hoja de algún calendario. Diga un número del calendario y pídale que lo señale. Muchos calendarios incluyen una hoja con todos los meses juntos. Ayúdelo a contar cuántos meses hay en el año.

¡Con más detalle!

Si desean leer más sobre números mayores de 10, consulte estos libros en la biblioteca más cercana.

- *De uno a cien* por Teri Sloat (Scholastic, 1995)
- *Cuenta los insectos* por Jerry Pallotta (Charlesbridge, 1993)
- *Cuando los borregos no pueden dormir* por Satoshi Kitamura (Santillana, 1995)

Nombre _____

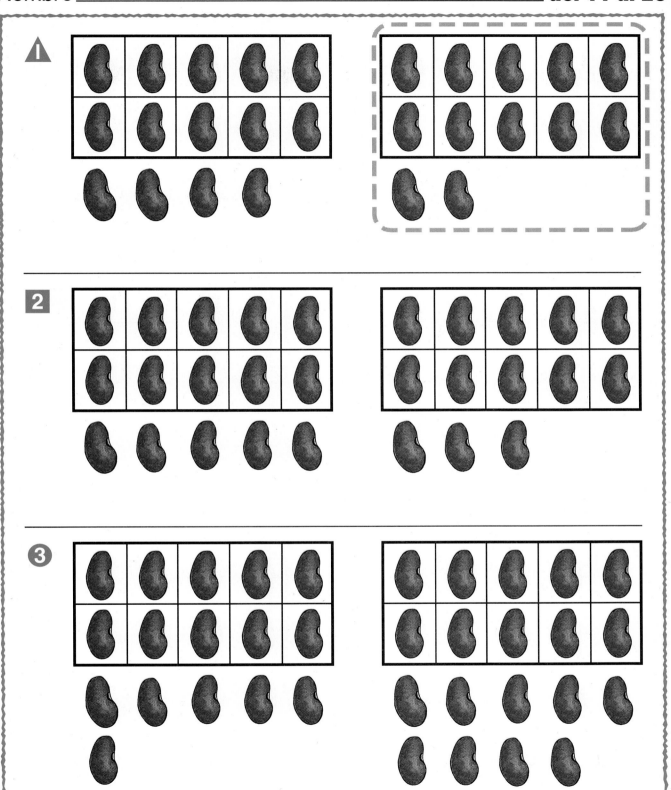

Instrucciones Pida a los niños que encierren en un círculo el grupo que muestra 12 frijoles en el ejercicio 1; el que muestra 15 frijoles en el ejercicio 2, y el que muestra 19 frijoles en el ejercicio 3.

 Conexión con el hogar Dé a su niño 15 hojuelas de cereal. Después, dígale que las ordene en hileras de cinco. Pregúntele: "¿Crees que hay más de 10 hojuelas?"

H3

Instrucciones Pida a los niños que encierren en un círculo el grupo que muestra 17 frijoles en el ejercicio 1; 18 frijoles en el ejercicio 2, y 13 frijoles en el ejercicio 3.

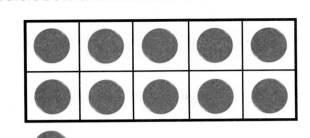

11
once

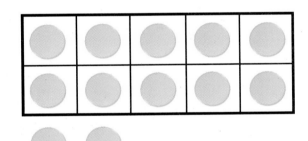

12
doce

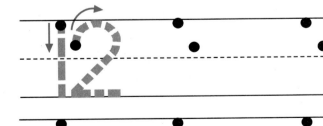

Instrucciones Pida a los niños que practiquen la escritura de los números 11 y 12. Indíqueles que deben comenzar en el punto negro.

Conexión con el hogar La próxima vez que vaya con su niño a una tienda, pídale que busque los números 11, 12, 13, 14 y 15.

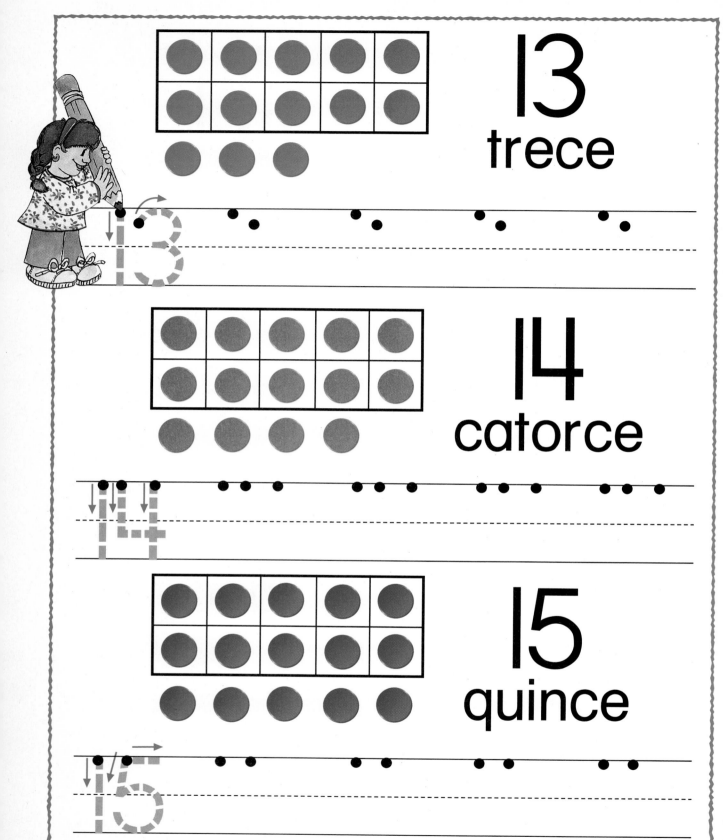

13
trece

14
catorce

15
quince

Instrucciones Pida a los niños que practiquen la escritura de los números 13, 14 y 15. Indíqueles que deben comenzar en el punto negro.

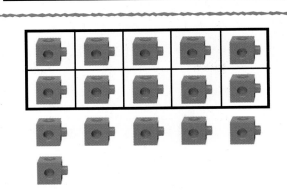

16
dieciséis

17
diecisiete

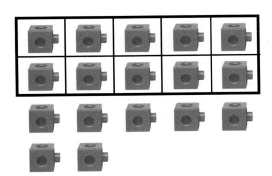

Instrucciones Pida a los niños que practiquen la escritura de los números 16 y 17. Indíqueles que deben comenzar en el punto negro.

 Conexión con el hogar La próxima vez que salga de paseo con su niño, pídale que busque los números 16, 17, 18, 19 y 20 en los carteles y letreros.

H7

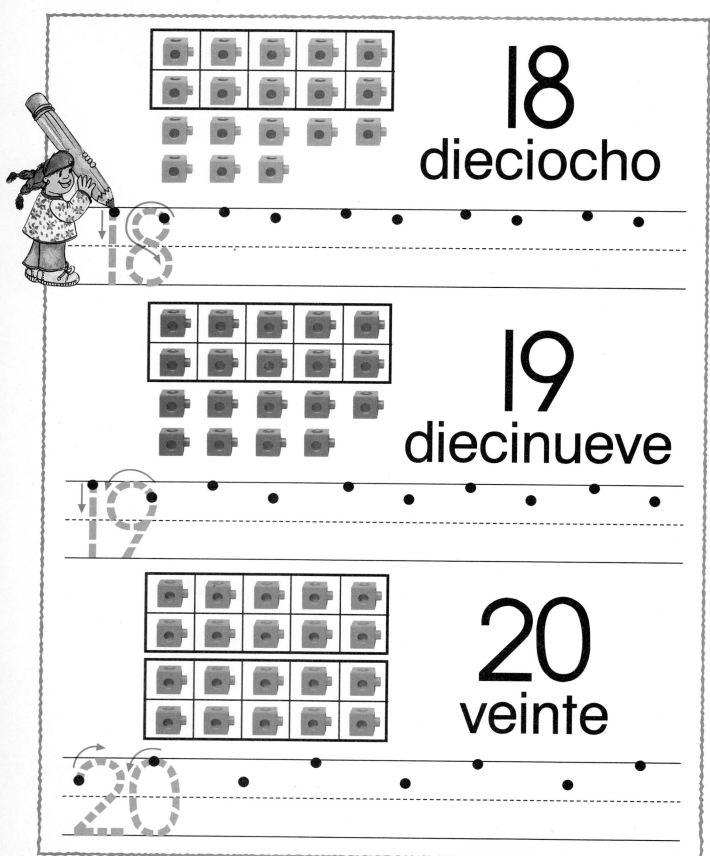

18 dieciocho

19 diecinueve

20 veinte

Instrucciones Pida a los niños que practiquen la escritura de los números 18, 19 y 20. Indíqueles que deben comenzar en el punto negro.

Nombre _____

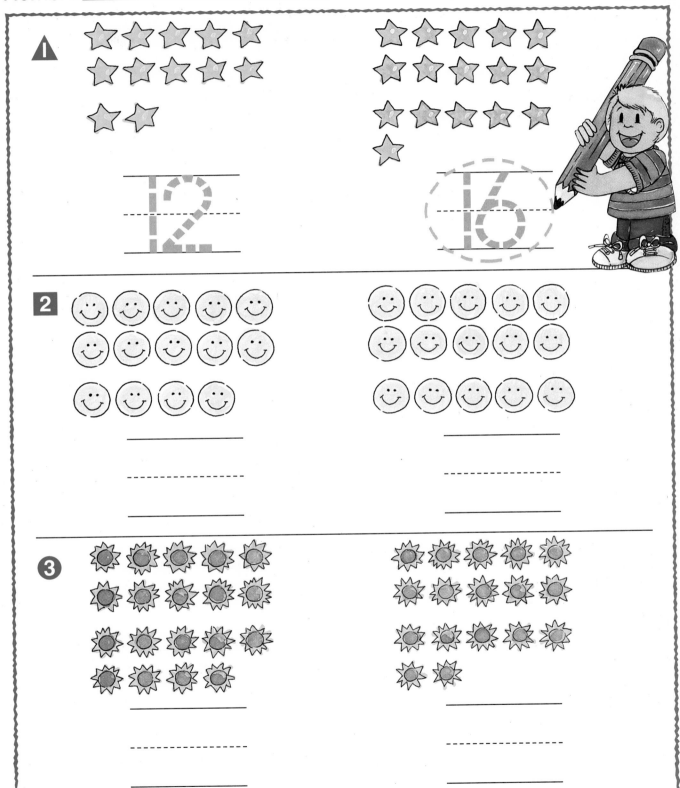

1

12   16

2

3

Instrucciones Pida a los niños que cuenten los objetos de cada grupo y que escriban el número. Pídales que encierren en un círculo el número del grupo que tiene más objetos.

Conexión con el hogar Forme dos grupos con cosas pequeñas como 12 y 16 galletas. Pregunte a su niño: "¿Qué grupo tiene más galletas?"

1

18

17

2

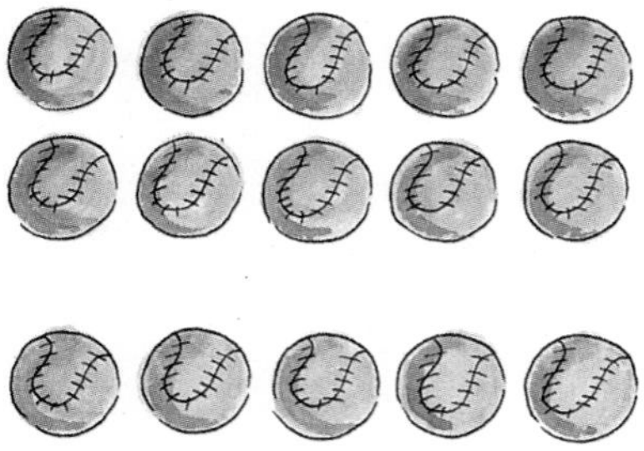

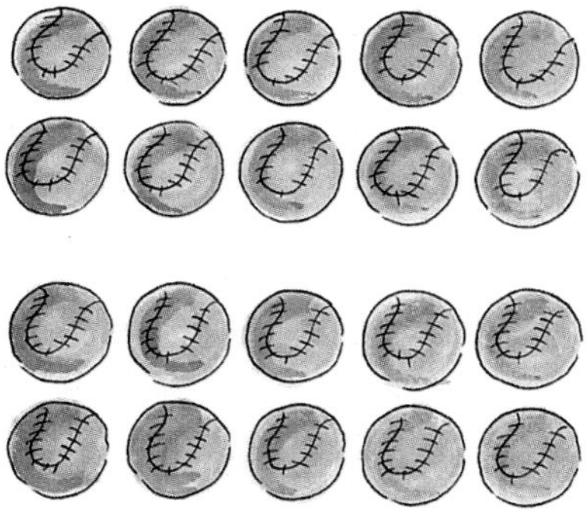

3

Instrucciones Pida a los niños que cuenten los objetos de cada grupo y que escriban el número. Pídales que encierren en un círculo el número del grupo que tiene menos objetos.

ACTIVIDAD EN INTERNET
www.sbgmath.com

1

2

5

8

9

11

13

16

17

20

Instrucciones Pida a los niños que escriban los números que faltan.

 Conexión con el hogar Escriba los números del 16 al 20 en una hoja de papel. Recorte cada número y pida a su niño que los ponga en orden.

H11

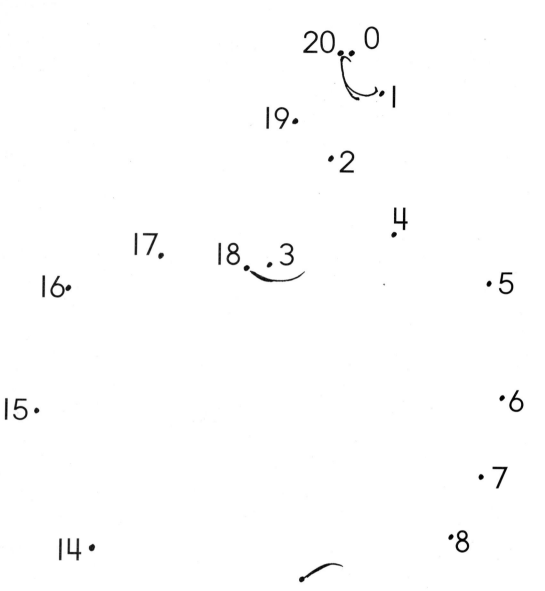

Instrucciones Pida a los niños que coloquen su lápiz en el punto 0. Pídales que unan los puntos en orden hasta el 20 para descubrir la figura oculta.

MARZO

domingo	lunes	martes	miércoles	jueves	viernes	sábado
1	2	3	4	5	6	7
8	9	10	11	12	13	14
15	16	17	18	19	20	21
22	23	24	25	26	27	28
29	30	31				

Instrucciones Pida a los niños que pongan una X en los números 2, 9, 16 y 23. Dígales que digan el patrón y que marquen el número que va después.

Conexión con el hogar Muestre a su niño un calendario y pídale que busque el número 20 en cada mes. Repita el ejercicio con números del 1 al 31.

H13

AGOSTO

domingo	lunes	martes	miércoles	jueves	viernes	sábado
1	2	3	4	5	6	7
8	9	10	11	12	13	14
15	16	17	18	19	20	21
22	23	24	25	26	27	28
29	30	31				

Instrucciones Pida a los niños que identifiquen y coloreen los números que están entre el 21 y el 29. Pídales que digan el patrón.

Nombre _____

1.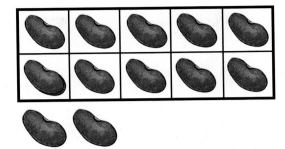

2.

17

_____   _____   _____

3.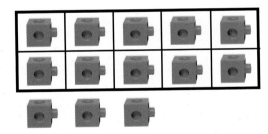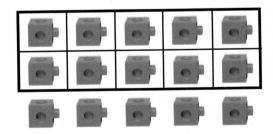

4.

| 21 | 22 | 23 | 24 | 25 | 26 | 27 | 28 | 29 | 30 |

Instrucciones Pida a los niños que: **1.** encierren en un círculo el grupo de 14 frijoles; **2.** escriban en orden los números del 17 al 20; **3.** encierren en un círculo el grupo que tiene más. **4.** Marquen con una X el 23 y el 27.

H15

Nombre _____

Nuestras actividades favoritas del recreo

Actividad	Cuenta JHI = 5	Número
		_____ - - - - - - - - _____
		_____ - - - - - - - - _____
		_____ - - - - - - - - _____

Instrucciones Pregunte a los niños: "¿Es la caja de arena su actividad favorita en el recreo?" Muestre cómo se hacen las marcas de conteo, incluyendo grupos de cinco, para anotar las respuestas. Pida a los niños que copien las marcas y escriban el número. Repita esto en cada actividad.

H16

Explorar la suma

Soy un cuentacuentos

1.

3

2

3

Instrucciones Distribuya las calculadoras. Diga a los niños que aprieten las teclas de cada hilera en el orden que las ven. Pídales que escriban la respuesta.

Explorar la resta

Soy granjera

Instrucciones Pida a los niños que escriban cuántos animales hay en cada dibujo y cuántos se van. Luego, pregúnteles cuántos animales quedan.

 Conexión con el hogar Muestre a su niño seis huevos. Tome dos y pregúntele cuántos quedan.

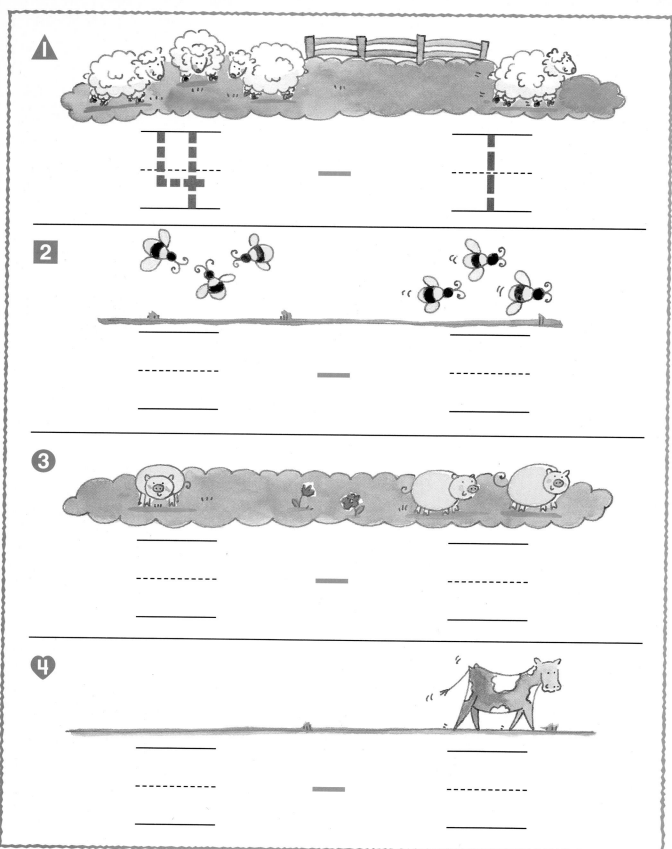

Instrucciones Pida a los niños que escriban cuántos animales hay en cada dibujo y cuántos se van. Luego, pregúnteles cuántos animales quedan.

Soy granjera

Nota a la familia

**En las próximas semanas
su niño aprenderá la resta.
He aquí algunas ideas que
pueden compartir.**

Actividades para el hogar:

- Ponga seis uvas o zanahorias pequeñas en un plato. Luego, cómase una o pida a su niño que lo haga. Pregúntele cuántas uvas o zanahorias quedan en el plato. Repita la actividad comiendo una, o más de una, cada vez.

- Haga una hilera con seis semillas de calabaza o girasol y pida a su niño que las cuente. Quite dos semillas de la hilera y pregúntele cuántas semillas quedan. Repita la actividad. Vuelva a poner seis semillas en la hilera y quite tres, luego cuatro y luego cinco.

¡Con más detalle!

Si desean leer más sobre la resta, consulten estos libros en la biblioteca más cercana.

- *Three Friends / Tres amigos* por María Cristina Brusca y Tona Wilson (Henry Holt and Company, 1995)

- *Diez niños se cambian de casa* por Mitsumasa Anno (Editorial Juventud, 1991)

- *¿Quién llama en la noche a la puerta de Iván?* por Tilde Michels (Editorial Juventud, 1989)

Nombre _____

ESTRATEGIAS
Entiende · Planifica · Revisa · Resuelve

Instrucciones Cuente a los niños los cuentos de la página 527 de la Guía del maestro. Pídales que usen los recortes para representar los problemas.

Conexión con el hogar
Pida a su niño que represente este problema: "Supón que tienes tres manzanas y yo tomo dos. ¿Cuántas manzanas te quedan?"

J3

Instrucciones Cuente a los niños los cuentos de la página 527 de la Guía del maestro. Pídales que usen los recortes para representar los problemas.

J4

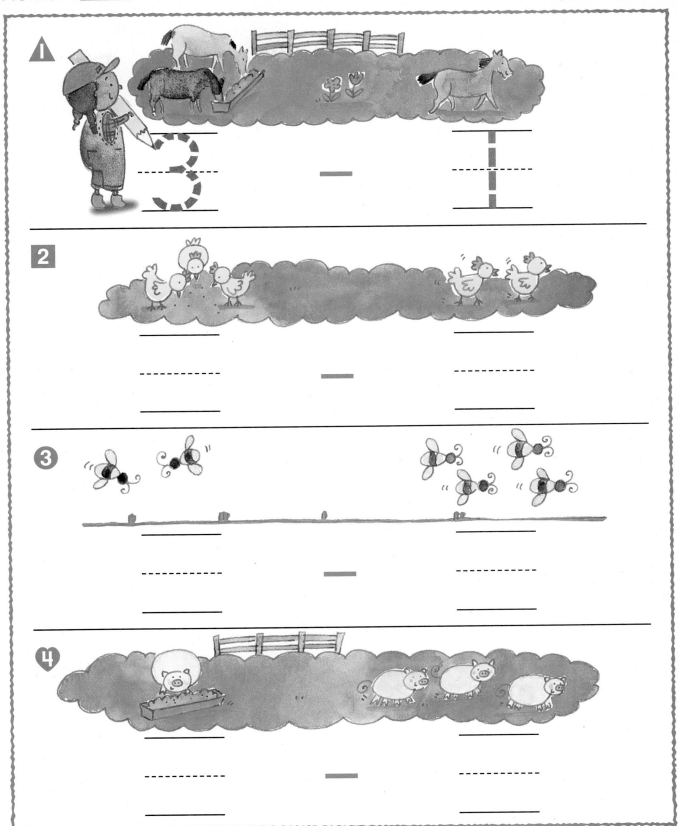

Instrucciones Pida a los niños que escriban cuántos animales hay en cada dibujo y cuántos se van. Luego, pregúnteles cuántos animales quedan.

 Conexión con el hogar Muestre a su niño seis huevos. Tome dos y pregúntele cuántos quedan.

J5

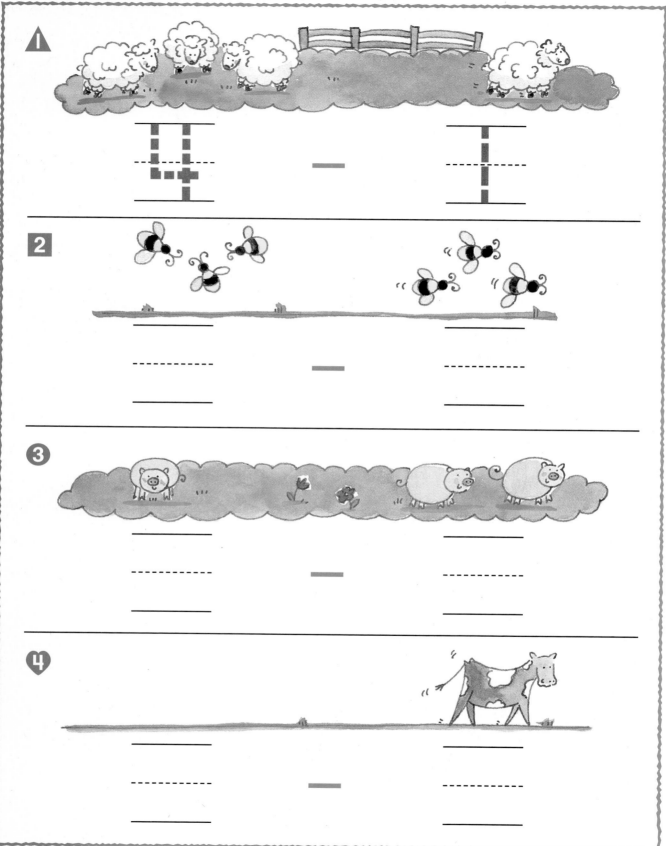

Instrucciones Pida a los niños que escriban cuántos animales hay en cada dibujo y cuántos se van. Luego, pregúnteles cuántos animales quedan.

J6

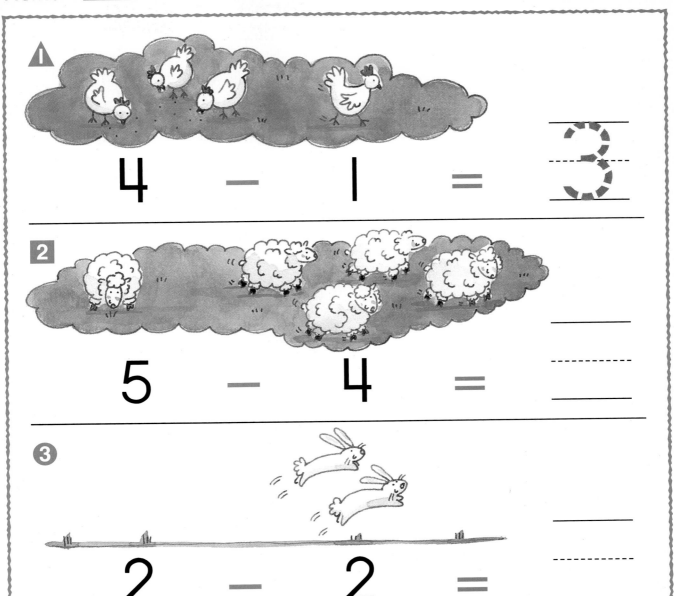

1

$$4 \quad - \quad 1 \quad = \quad 3$$

2

$$5 \quad - \quad 4 \quad =$$

3

$$2 \quad - \quad 2 \quad =$$

4

$$6 \quad - \quad 2 \quad =$$

Instrucciones Pida a los niños que miren los dibujos y después escriban cuántos animales quedan.

Conexión con el hogar Pida a su niño que use los dibujos para contar cuentos de resta: "Había una vez cuatro pollitos. Uno se fue muy lejos. Ahora sólo quedan tres pollitos."

1. $4 - 2 = \underline{2}$

2. $5 - 3 = \underline{}$

3. $2 - 1 = \underline{}$

4. $3 - 0 = \underline{}$

Instrucciones Pida a los niños que miren los dibujos y luego escriban cuántos animales quedan.

ACTIVIDAD EN INTERNET
www.sbgmath.com

J8

1

6 − 3 = 3

2

_____   _____   _____

- - - - - - -   —   - - - - - - -   =   - - - - - - -

_____   _____   _____

3

_____   _____   _____

- - - - - - -   —   - - - - - - -   =   - - - - - - -

_____   _____   _____

Instrucciones Pida a los niños que miren los dibujos y luego escriban las oraciones de resta.

 Conexión con el hogar Ayude a su niño a hacer un dibujo para mostrar que 4 − 2 = 2.

J9

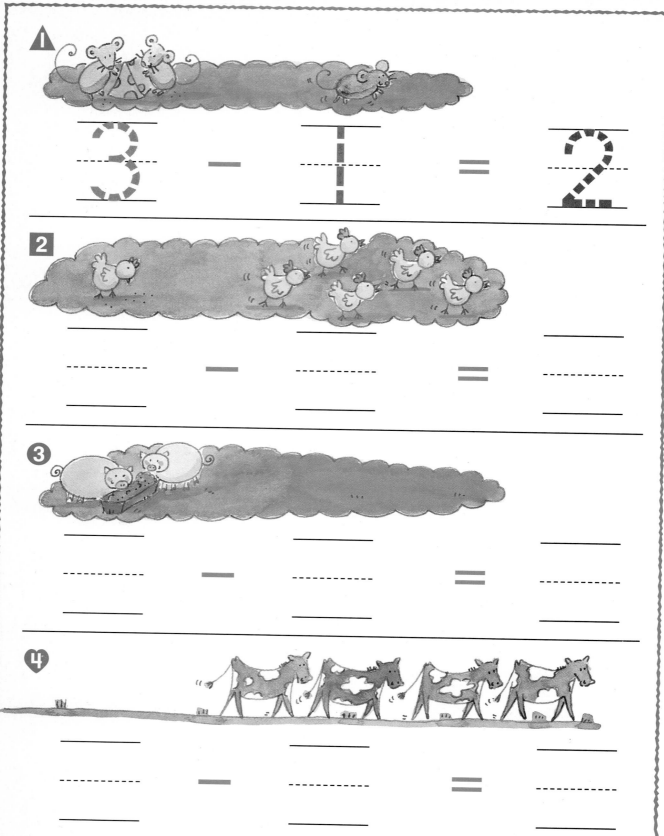

1 3 − 1 = 2

2 ___ − ___ = ___

3 ___ − ___ = ___

4 ___ − ___ = ___

Instrucciones Pida a los niños que miren los dibujos y luego escriban las oraciones de resta.

J10

⚠️

6
− 2
_____
4

2

3

❤

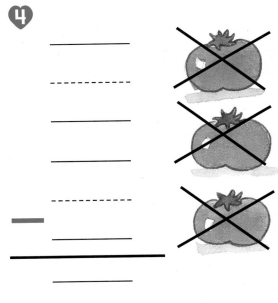

Conexión con el hogar Pida a su niño que invente un cuento de resta mientras usted le prepara la merienda. Por ejemplo: "Yo tenía 4 uvas pero ya me comí 2. Sólo me quedan 2 uvas."

1

$$
\begin{array}{r}
4 \\
- 1 \\
\hline 3
\end{array}
$$

2

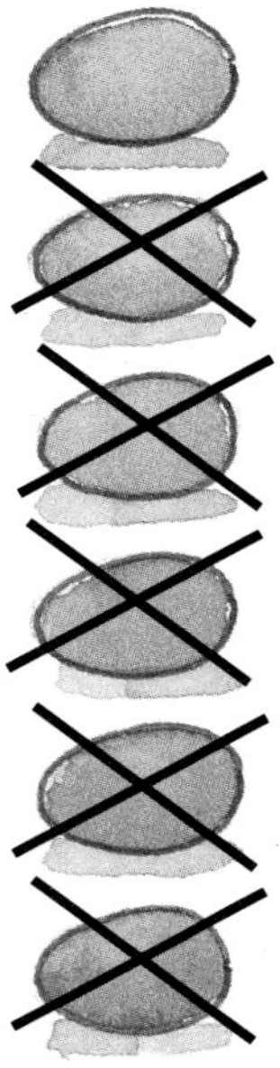

3

4

Instrucciones Pida a los niños que miren los dibujos y luego escriban
cada problema de resta vertical.

J12

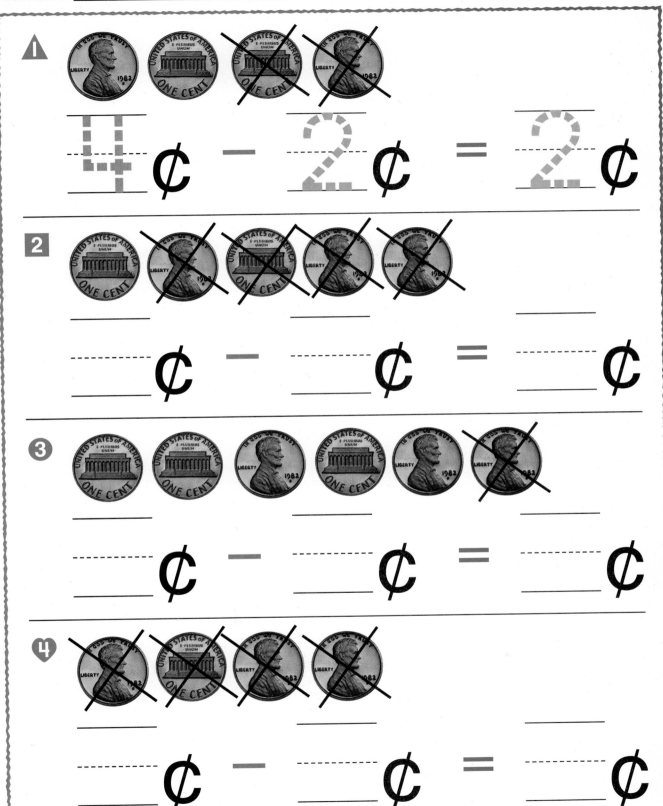

1

$$4\,¢ - 2\,¢ = 2\,¢$$

2

$$\underline{\quad}\,¢ - \underline{\quad}\,¢ = \underline{\quad}\,¢$$

3

$$\underline{\quad}\,¢ - \underline{\quad}\,¢ = \underline{\quad}\,¢$$

4

$$\underline{\quad}\,¢ - \underline{\quad}\,¢ = \underline{\quad}\,¢$$

Instrucciones Pida a los niños que miren las monedas de un centavo y luego escriban cada oración de resta.

 Conexión con el hogar Dé a su niño cuatro monedas de un centavo y ayúdelo a inventar un cuento de resta con las monedas.

1

3 ¢

− 1 ¢

2 ¢

2

___ ¢

− ___ ¢

___ ¢

3

___ ¢

− ___ ¢

___ ¢

4

___ ¢

− ___ ¢

___ ¢

Instrucciones Pida a los niños que miren las monedas de un centavo y luego escriban cada oración de resta.

Nombre _____ **Prueba del capítulo**

1

2

- - - - - - - ‒ - - - - - - = - - - - - -

_____ _____

---

3 _____

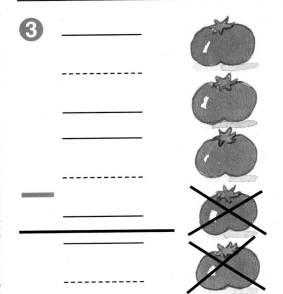

- - - - - -
_____
_____
- - - - - -
‒
_____
_____
- - - - - -
_____

4 _____

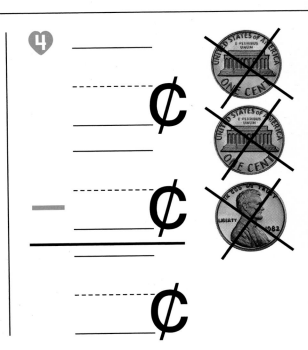

- - - - - -   ¢
_____
_____
- - - - - -   ¢
‒
_____
_____
- - - - - -   ¢
_____

Instrucciones Pida a los niños que: **1.** usen 4 fichas rojas para representar este cuento: "Una planta de fresas tenía 4 fresas pero tú tomaste 2. ¿Cuántas fresas quedan en la planta?" Tacha las fresas que tomaste para mostrar las que quedan; **2.** escribe la oración de resta; **3.** y **4.** escribe cada problema de resta.

J15

1

$+$

$-$

2

$+$

$-$

3

$+$

$-$

4

$+$

$-$

Instrucciones Pregunte a los niños si los dibujos de cada ejercicio muestran una suma o una resta. Pídales que encierren en un círculo el signo apropiado.